Albert Gockel

Das Gewitter

Albert Gockel

Das Gewitter

ISBN/EAN: 9783744605090

Hergestellt in Europa, USA, Kanada, Australien, Japan

Cover: Foto ©berggeist007 / pixelio.de

Weitere Bücher finden Sie auf **www.hansebooks.com**

Das Gewitter.

Von

Dr Albert Gockel.

Köln, 1895.

Commissions-Verlag und Druck von J. P. Bachem.

Inhalts-Verzeichniß.

Vorwort.

Das vorliegende Schriftchen soll eine gemeinfaßliche Darstellung des neuesten Standes der Gewitterkunde geben. Hermann J. Klein hat im Jahre 1871 eine recht verdienstvolle Schrift erscheinen lassen, die denselben Zweck verfolgte, aber es sind in den letzten 25 Jahren auf unserm Gebiet solche Fortschritte gemacht worden, daß es mir angezeigt erschien, die Resultate der neuern Forschung einem weitern Kreise zugänglich zu machen. Die Frage nach der Entstehung der Gewitter, ihrer Fortpflanzung und Verbreitung konnte Klein z. B. kaum streifen. Der Leser wird aus dem Schriftchen ersehen, daß auch der gebildete Laie noch recht vieles zur Vermehrung unserer Kenntnisse von den Gewittern beitragen kann. Vielleicht veranlassen diese Zeilen den einen oder den andern der Leser, der merkwürdigen Naturerscheinung etwas mehr Aufmerksamkeit zuzuwenden.

Ladenburg a. N., im Juli 1895.

Dr. A. Gockel.

Inhalts-Verzeichniß.

Die Figuren 1 (S. 10) und 3 (Seite 29) sind nach eingeholter Erlaubniß aus der Meteorologischen Zeitschrift, Jahrgang 1888, Verlag von A. Asher & Co., Berlin, und Figur 2 (Seite 11) aus van Bebber, Meteorologie, Verlag von Ferd. Enke, Stuttgart, entnommen.

1. Gewitter und Gewitterwolken.

Der Himmel ist unbewölkt, es herrscht eine beängstigende Windstille und eine drückende Hitze. Diese beiden letztgenannten Erscheinungen stehen in einem ursächlichen Zusammenhang, denn nur in Folge ihrer Ruhe können die untern Luftschichten die Wärme des überhitzten Bodens annehmen. An dem dunstigen Horizont scheidet sich ein dichter Filz von Federwolken aus mit zerfasertem vordern Rand. Hat dieser eine gewisse Höhe erreicht, so ballt sich unter ihm dunkles Gewölk zusammen. Dessen Umrisse sind scharf abgegrenzt, krummlinig und vielfach ausgebuchtet. Diese Wolken steigen immer höher, sie scheinen sich gewissermaßen übereinander zu thürmen, die Schnelligkeit, mit der sie bald den ganzen Himmel überziehen, erscheint uns um so unbegreiflicher, als auch noch nicht der leiseste Wind geht. Von der Ferne hört man das Rollen des Donners, da erheben sich einige Windstöße, welche den Staub der Landstraße weit emporwirbeln lassen, einige leuchtende Blitze, und der Regen gießt in Strömen herab, häufig fallen auch statt dessen Hagelkörner. Zu unserm Glück pflegt gerade diese Erscheinung nur von ganz kurzer Dauer zu sein, auch ist der erste Regen der stärkste. Auch das großartige Schauspiel, das uns die nach allen Richtungen sich kreuzenden Blitze geben, währt nicht allzu lange, in immer längern Pausen folgen sich die Blitze, der Donner wird leiser und leiser, der Himmel heitert sich auf und an Stelle der drückenden Schwüle ist eine erfrischende Kühle getreten. Das ist in großen Zügen der Verlauf einer Erscheinung, die in manchen Ländern und Jahreszeiten sich fast täglich beobachten läßt, die uns dennoch des Unaufgeklärten so vieles bietet.

Wir wollen, vorläufig von jedem Erklärungsversuch absehend, zunächst die Erscheinung selbst etwas mehr in's Auge fassen. Lassen wir alle Hypothesen über den Ursprung der Gewitter-Elektricität bei Seite, so ergibt sich als Resultat der Beobachtung Folgendes: Sitz des Ge-

witters sind die vorhin erwähnten, eigenthümlich gefärbten, dunkeln
Haufwolken (cumuli). Sie scheinen oft säulenartig am Himmel empor-
zusteigen, gewissermaßen aus sich selbst herauszuwachsen. Häufig zeigt
sich ein durch die Wirkung der Perspective bogenförmig gekrümmter,
lang gestreckter Wulst, eine sogenannte Bogenwolke, sie ist meistens das
Anzeichen von schweren, von Sturm und Hagel begleiteten Gewittern.
Unter diesem Wulst erscheint der aus der Wolke niederströmende Regen
als ein helles, sich scharf abhebendes Segment. Manchmal ist dieses
Segment durch einen eigenthümlichen Wolkenvorhang, einem aus leichten,
nebelartigen Wolkenzipfeln bestehenden Gebilde verdeckt. Solche Gebilde
deuten nach Hahn sicher auf heftiges Gewitter und Hagel. Die Grund-
farbe der Gewitterwolken ist graublau, auch in's Grünliche spielend,
manchmal zeigen sich gelbe und röthliche Streifen. Die dunkele Farbe
weist auf eine starke elektrische Ladung hin. Wenn man nämlich Wasser-
dampf-Wolken eine solche Ladung ertheilt, so verlieren sie ihr gewöhnliches weißliches Aussehen und färben sich dunkel. Die Gewitterwolken
schweben meistens in verhältnißmäßig geringen Höhen. Als untere
Grenze wird 1400 m angegeben. Reimann[1]), der sich besonders mit
dem Studium der Gewitter in Schlesien beschäftigt hat, bemerkt, daß
von achtzehn Gewittern im Riesengebirge zehn unterhalb des Gipfels
der Schneekoppe (1600 m) hinwegziehen, wobei der Himmel über den
Gewitterwolken ganz heiter ist, fünf bis sechs streifen den Gipfel, während
zwei bis drei ganz darüber hinweggehen. Anderseits ist aber festgestellt,
daß Gewitter vollständig ausgebildet sowohl über die Seealpen als auch
über die Tauern ziehen, deren tiefste Einsenkungen nicht unter 2000 m
herabgehen, und in den Cordilleren wurden Gewitter in einer Höhe von
5000 m über dem Meere constatirt. Dabei ist aber die beträchtliche
Erhebung dieses Gebirgslandes zu berücksichtigen, die zur Folge hat,
daß eine Wolke zwar hoch über dem Meer, aber doch nur in verhältnißmäßig geringer Höhe über dem Thalboden schweben kann. Die Höhe
der untern Fläche der Gewitterwolken über dem Boden scheint nach allen
vorliegenden Beobachtungen 3- bis 4000 m selten zu übersteigen, während die weißen Federwölkchen (cirri) durchschnittlich 8000 m hoch
schweben, sich aber auch bis zu 13000 m erheben. Die Höhenentwicke-
lung einer Gewitterwolke selbst kann sehr bedeutende Dimensionen annehmen. So beobachtete Professor Riggenbach vom Säntis aus eine
Gewitterwolke über den Algäuer Alpen, deren Grundfläche nach den von
ihm angestellten Messungen eine Meereshöhe von 2800 m hatte, während
die obersten Köpfe bis zu 13000 m emporreichten. Beschreibungen von

---

[1]) Met. Zeitschr. 1886 S. 249.

Gewittern, welche jemand von einem hohen Berge herab unter sich ge=
sehen haben will, sind mit Vorsicht aufzunehmen, ziehen die Wolken in
größerer horizontaler Entfernung vom Beobachter vorbei, so sind Täu=
schungen leicht möglich. In der Höhe, in der die Gewitterwolken auf=
zutreten pflegen, gestalten sich die Gewitter ganz anders als oben be=
schrieben. Man sieht keine dunkeln Wolken herannahen, man hört nicht
lange vorher den Donner, man fühlt nicht die Schwüle, ganz unver=
muthet hüllen sich die Berge in Nebel ein, und das Gewitter bricht los,
Hagelkörner prasseln hernieder, ungemein hell leuchtende Blitze folgen
sich rasch und schlagen in die benachbarten Spitzen ein, dabei ist der
Donner, verglichen mit dem in der Ebene, äußerst schwach.

Die elektrische Ladung der Gewitterwolken wurde zuerst im Jahre
1752 durch D'Alibard in Marly sur Ville nachgewiesen. Veranlaßt durch
eine Schrift Franklin's, die er übersetzte, befestigte er auf einem Isolir=
schemel vermittelst Seidenschnüre eine eiserne, mit einer Spitze versehene
Stange von ungefähr 12 m Länge. Vermittelst einer isolirten Hand=
habe konnte er beim Herannahen einer Gewitterwolke aus seiner Stange
Funken von mehrern Centimeter Länge ziehen. Franklin selbst stellte seinen
berühmt gewordenen Versuch mit dem Drachen erst im folgenden
Jahre an.

Es ist eine in der Geschichte der Wissenschaft vielfach constatirte
Thatsache, daß gewisse Entdeckungen so zu sagen in der Luft zu schweben
scheinen; den Beleg liefern zahlreiche Prioritäts=Streitigkeiten. So ist
auch de Romas, Landgerichts=Assessor zu Nerac in der Gascogne, un=
abhängig von Franklin auf die Idee gerathen, Elektricität durch einen
Drachen aus den Wolken zu ziehen. Er befestigte zu diesem Zweck
seinen Drachen an eine Hanfschnur, die durch einen eingeflochtenen Draht
gut leitend gemacht wurde, das untere Ende bestand der Isolirung halber
aus Seide, am Hanfseil war ein Schlüssel befestigt, aus diesem konnte
de Romas, als er den Drachen beim Herannahen eines Gewitters steigen
ließ, Funken von über 3 m Länge ziehen, ein Resultat, das alle Erwar=
tungen übertraf, das aber gleichzeitig die Gefährlichkeit derartiger Experi=
mente erkennen ließ, deren Opfer dann später der Physiker Richmann
in St. Petersburg wurde.

2. Der Blitz.

Aelter als alle die genannten Versuche ist die Vermuthung, daß
der Blitz ein riesiger elektrischer Funke ist. Dr. Wall, welcher gegen
Ende des 17. Jahrhunderts aus Bernsteinstückchen, die er an Wolle

rieb, kleine Funken zog, schreibt in den Philos. Transact. 1698: „Dieses Licht und Knistern scheint mir einigermaßen Blitz und Donner vorzustellen." Diese Ansicht wurde auch mehrfach von französischen Forschern, später auch in Deutschland von Winkler, ausgesprochen, sie gewann an Wahrscheinlichkeit in demselben Maße, als es gelang, durch Elektrisir-Maschinen und Leydener Flaschen stärkere elektrische Entladungen hervorzurufen.

Allerdings ist mit der Behauptung, der Blitz und der elektrische Funken unserer Maschinen seien wesensgleich, noch nicht allzu viel erklärt, denn es muß sofort die Frage aufgeworfen werden: was ist der elektrische Funken, und welches ist die Quelle der in den Gewitterwolken vorausgesetzten Elektricität. Um diese beiden Fragen, soweit es bei dem heutigen Stand der Wissenschaft überhaupt möglich ist, beantworten zu können, müssen wir kurz einige bekannte Thatsachen recapituliren.

Elektrische Grundversuche.

Wenn wir eine Siegellack- oder Hartgummi-Stange an einem wollenen Tuche reiben, so erlangt dieselbe die Eigenschaft, leichte Körper anzuziehen. Dieselbe Eigenschaft nimmt eine Glasstange an, die mit einem seidenen Tuch gerieben wurde. Wir nennen die beiden Stangen in diesem Zustand elektrisch. Zwischen den beiden geriebenen Körpern bemerken wir einen Unterschied; nähern wir nämlich die Harzstange einem an einem Seidenfaden aufgehängten Hollunderkügelchen, so wird dasselbe von der Harzstange angezogen, aber nach erfolgter Berührung sofort wieder abgestoßen; nähern wir ihm jetzt eine zweite geriebene Harzstange, so stößt auch diese das Kügelchen ab, eine geriebene Glasstange dagegen wird es anziehen; berühren wir umgekehrt das Kügelchen zuerst mit der Glasstange, so wird es durch eine zweite abgestoßen, durch eine elektrisch gemachte Harzstange dagegen angezogen. Hängen wir ein durch Reiben elektrisirtes Stückchen Harz selbst an einen Seidenfaden auf und nähern ihm eine andere geriebene Harzstange, so stoßen auch diese beiden sich einander ab, ebenso würden sich zwei gleich behandelte Glasstangen verhalten, eine geriebene Harzstange und eine geriebene Glasstange dagegen ziehen sich an. Alle bekannten Körper verhalten sich, in derselben Weise behandelt, entweder wie das Glas oder wie Harz. Indem wir nun den Zustand der geriebenen Glasstange als positiv elektrisch, den der ebenso behandelten Harzstange als negativ elektrisch bezeichnen, kommen wir zu dem Schluß: gleichnamig elektrisirte Körper stoßen sich ab, ungleichnamig elektrisirte ziehen sich an. Einen Metallstab durch Reiben an einem Tuch zu elektrisiren, wird uns nicht so ohne weiteres gelingen,

ebenso wenig können wir die oben beschriebenen Erscheinungen wahrnehmen, wenn das Hollunderkügelchen an einem leinenen Faden aufgehängt wurde. Warum? Im Harz und im Glas bleibt der elektrische Zustand längere Zeit erhalten, im Metall ist dies nicht der Fall.
Die Metalle und in geringerm Maße auch Leinwand, Holz, Wasser
(wenn es nicht absolut rein ist), ferner der menschliche Körper sind
Leiter der Elektricität, Glas, Porzellan, Harz, Seide lassen die Elektricität nicht durch sich hindurchgehen, sie sind schlechte Leiter oder Isolatoren. Eine Metallstange kann demnach auch elektrisirt werden, aber sie
muß zu diesem Zweck an einem isolirenden Griff befestigt sein, weil sich
sonst die erzeugte Elektricität sofort wieder zerstreut. Der übliche Ausdruck, die SiegellackStange wird durch Reiben an einem wollenen Tuche
negativ elektrisch, ist nicht erschöpfend, wir müssen hinzufügen, daß auch
das Tuch elektrisch und zwar positiv elektrisch wird, allein die Elektricität des Tuches wird, wenn es nicht isolirt ist, durch unsern Körper
abgeleitet. Wir sind nicht im Stande, nur eine Art von Elektricität
zu erzeugen, stets treten beide auf.

Es gibt noch eine andere Art, Körper zu elektrisiren, als die durch
Reiben. Nähern wir einem Metallcylinder AB, der auf einem isolirenden Fuß steht, einen elektrisirten Körper C, so stoßen die an den
Enden des erstern mit Leinenfäden aufgehängten Hollunderkügelchen sich
einander ab. Es ist leicht nachzuweisen, daß, wenn der Körper C z. B.
positiv elektrisch ist, die beiden Kügelchen an dem ihm zugekehrten Ende
des Körpers AB sich mit negativer, die am entgegengesetzten Ende sich
mit positiver Elektricität laden, während die Mitte des Körpers AB
unelektrisch bleibt. Und es läßt sich allgemein der Satz aussprechen:
nähern wir irgend einem leitenden Körper einen andern elektrisirten,
doch so, daß die beiden durch einen Nichtleiter, z. B. trockene Luft, getrennt sind, so wird auch der zweite Körper elektrisch, und zwar werden
die einander zugewandten Seiten der beiden Körper ungleichnamig elektrisirt, während die der Elektricität des wirkenden Körpers gleichartige
sich zu entfernen sucht. Schweben daher zwei Wolken übereinander,
von denen z. B. die obere negativ elektrisch ist, so wird die untere an ihrer
Oberseite positiv, an ihrer Unterseite negativ elektrisch. Ebenso wird
eine positiv geladene Wolke die Oberfläche der Erde negativ elektrisch
machen. Man nennt diese Art der Elektrisirung ElektricitätsErregung
durch Influenz. Ein jeder elektrisirte Körper wird also auf einem ihm
genäherten Leiter eine der seinigen entgegengesetzte Elektricität erzeugen.
Lassen wir die beiden Körper sich immer mehr einander nähern, so
springt plötzlich von einem auf den andern ein Funke über, und wir
finden jetzt die beiden Körper gleich elektrisch oder unelektrisch. Die

oben aufgeworfene Frage nach der Natur des elektrischen Funkens läßt sich jetzt dahin beantworten: der elektrische Funken ist ein unter Licht= erscheinung plötzlich vor sich gehender Ausgleich zweier entgegengesetzter Elektricitäten. Ich habe gesagt „plötzlich"; denn wäre einer der beiden Körper mit einer Spitze versehen, so würde die Elektricität langsam von dem einen auf den andern übergehen, man könnte wohl im Dunkeln ein kleines Lichtbüschel entdecken, doch von einem Funken könnte man hier nicht reden.

Nähert man dem geladenen Conductor einer Elektrisir=Maschine einen Leiter, so springen in rascher Folge kleine geradlinige Fünkchen über, zieht man den Leiter weiter zurück, so wird die Funkenbahn etwa wellenförmig, indem sie sich gleichzeitig verästelt, bei noch größerer Ent= fernung des Leiters vom Conductor werden die Funken seltener aber heller und nehmen die Form von Zickzack=Linien an, schießlich werden

Figur 1.

sie bei immer zunehmender Ent= fernung der beiden Körper wieder schwächer, unregelmäßig geformt und gehen endlich in Lichtbüschel über. Diese bestehen, wenn sie po= sitiv sind, wie die Figur 1 [1]) zeigt, aus einem hell leuchtenden, röth= lich weißen, bis zu 1 cm langen Stiel, von dem aus sich zarte, am Ende violett gefärbte Licht= linien verästeln. Die negativen Lichtbüschel sitzen nicht auf einem Stiel, sondern nur auf einem Licht= punkt auf. Die einzelnen Linien können hierbei in Folge ihrer zarten Structur nicht unterschieden wer=
ben, daher erscheint unter Umständen der ganze negative Pol mit einem schwachen bläulichen Licht, dem sogenannten Glimmlicht, umflossen. Während die äußersten Strahlen der positiven Büschel einen stumpfen Winkel einschließen, ist der Oeffnungswinkel des negativen Lichtkegels stets kleiner als ein rechter.

Die Funken, welche unsere Maschinen liefern, entzünden leicht brenn= bare Körper, z. B. Leuchtgas, Weingeist, Pulver; geht die Entladung durch dünne Drähte, so können diese bis zum Glühen, ja bis zum Schmelzen erwärmt werden, schlechte Leiter, wie Pappendeckel, Holz, Glas,

---

[1]) Nach Obermayer, Meteor. Zeitschrift 1888, S. 322.

werden von dem Funken durchbohrt. Daß der elektrische Funke auch auf unsere Nerven wirkt, ist bekannt, kleine Thiere werden durch ihn betäubt oder getödtet, die Entladung großer Leydener Flaschen-Batterieen kann auch dem Menschen gefährlich werden.

Aehnliche Erscheinungen wie die im Vorstehenden beschriebenen, beobachten wir nun auch beim Blitz. Der Form nach pflegt man die Blitze einzutheilen in Zickzack- oder Funkenblitze, Flächenblitze und Kugelblitze.

Zickzackblitze.

Die erstgenannten, mit denen wir uns zuerst beschäftigen wollen, werden am häufigsten beobachtet, sie zeigen auch die meiste Aehnlichkeit mit dem Funken der Elektrisir-Maschine. Dem Auge stellt sich der Funkenblitz als eine ge-schlängelte oder zickzack-förmige Lichtlinie dar. An ihrem untern Ende pflegt sich diese Linie, was aller-dings dem unbewaffneten Auge selten erkennbar ist, in der mauchfaltigsten Form zu verzweigen. Pho-tographieen von Blitzen, wie sie in neuerer Zeit vielfach aufgenommen wurden, zeigen ein Bild, ähnlich dem Flußnetz einer Landkarte. (Fig. 2.)

Figur 2.

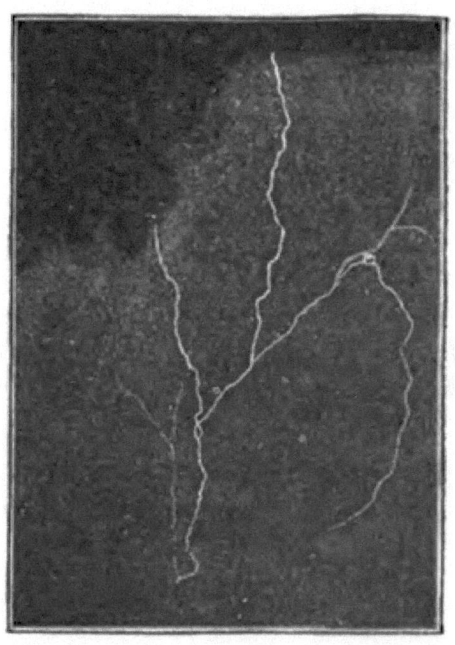

Es wollen übrigens einige Beobachter derartig verzweigte Blitze auch mit freiem Auge wahrgenom-men haben. Von den vorliegenden Schilde-rungen will ich nur eine hier anführen. Am 28. Mai 1890 wurde während eines Gewitters in Meudon ein Blitz bemerkt, den M. Trouvelot in den Compt. Rend. folgendermaßen beschreibt: „In demselben Augenblick leuchteten zwei entfernte Punkte der Wolke gleichzeitig auf, und zwei glänzende Lichtmassen stürzten sich gegeneinander, sich dabei in viele kleine Arme theilend, die sich wieder weiter in noch kleinere theilten. Das scheinbar unvermeidliche Zusammentreffen fand nicht statt. — Diese Blitze, die sich langsam genug entwickelten, um ein Erfassen ihrer Formen zu gestatten, waren für mich eine Entdeckung. Was ich vor Augen hatte, war kein Blitz mehr, sondern ein elektrischer Funken, abgesehen von der Größe, ganz ähnlich den Funken der Influenz-Maschinen. — Die nördliche der beiden baumförmigen Gestalten, deren Aeste wellenförmig gekrümmt waren, zeigte, wie ich mit Sicherheit erkannte, das charakteristische Bild der vom positiven Pol der Maschine ausgehenden Entladung (vergl. Fig. 1), während die südliche, deren zickzackförmige Verzweigungen im rechten Winkel von einander abstanden, deutlich den Typus der Entladungen des negativen Pols aufwiesen."

Wenn die elektrische Entladung zwischen zwei nahe bei einander befindlichen Wolken vor sich geht, so können auch geradlinige Blitze auftreten, doch ist dieser Fall selten. Die Bahn des Blitzes ist durch die Lage der Punkte, zwischen denen die Entladung stattfindet, und durch die Leitungsfähigkeit der dazwischen liegenden Luftschicht bestimmt. Zwar singt der Dichter: „Aus der Wolke ohne Wahl zuckt der Strahl." Im physikalischen Sinne wäre das nicht richtig, die Blitzbahn gehorcht, wie jede Naturerscheinung, bestimmten Gesetzen, die allerdings, und ich werde bei der Besprechung des Blitzableiters darauf näher eingehen müssen, noch nicht vollständig erforscht sind.

Die Länge eines Blitzes kann bis zu 50 km betragen. Wie Sohnke mit Recht hervorgehoben hat, erscheint es allerdings zweifelhaft, ob denn die elektrische Spannung wirklich eine so ungeheuere ist, daß sie Funken von dieser Länge hervorzurufen vermag. Wir werden wohl annehmen dürfen, daß wir im Blitz nicht einen einzigen Funken beobachten, der zwischen zwei, kilometerweit entfernten Punkten überspringt, sondern daß die Entladung von Punkt zu Punkt, d. h. von einem Wassertröpfchen zum andern, übergeht. Wir würden im Blitz eine Reihe gleichzeitiger Entladungen beobachten, und die Erscheinung hätte ihr Analogon in den Experimenten die man mit den sogenannten Blitztafeln oder Blitzröhren anzustellen pflegt.

Man beklebt ein weites Glasrohr oder eine Glastafel mit rautenförmigen Stückchen Stanniol oder Silberpapier so, daß die einzelnen Blättchen sich nicht berühren.

Verbindet man das eine Ende der Tafel mit dem Conductor der Elektrisir-Maschine und leitet das andere zur Erde ab, so springen zwischen den einzelnen Blättchen gleichzeitig Fünkchen über, und man erhält je nach der Anordnung der Stanniolblättchen leuchtende Streifen oder Flächen. So würden sich denn auch in der Natur die Seitenlinien, welche die Blitz-Photographieen aufweisen, einfach erklären. Es darf auch nicht außer Acht gelassen werden, daß die Perspective die scheinbare Blitzbahn ebenfalls beeinflußt. So wird sich z. B. eine Spirale unter Umständen als Zickzacklinie auf dem dunkeln Wolkenhintergrund prociren.

Die Blitze erscheinen meistentheils weiß gefärbt, doch beobachtet man auch rothe, gelbe, bläuliche und violette, besonders die später noch eingehender zu besprechenden Flächenblitze zeigen oft die beiden letztgenannten Farben.

Behufs Erklärung der verschiedenen Färbung der Blitze ist es nöthig, wieder auf den elektrischen Funken zurückzugehen. Bei kleinen Schlagweiten sind die Funken der Elektrisir-Maschinen oder Leydener Flaschen auf der ganzen Strecke von gleicher Helligkeit und Färbung, bei größerer Schlagweite jedoch ist der dem positiven Pol zugewandte Theil des Funkens bläulich-weiß, die andere kleinere Hälfte röthlich gefärbt, die beiden Theile sind durch eine lichtschwache Stelle deutlich getrennt. Indessen gilt das nur für Funken, die in freier Luft zwischen Messingkugeln überspringen. Mit dem Metall der Leiter, zwischen denen die Funken überspringen, und dem Gas, das sie durchsetzen, wechselt auch ihre Farbe. Bekanntlich kommt jedem glühenden Gas oder Dampf eine eigenthümliche Färbung zu. So wird eine für sich schwach leuchtende Flamme durch verdampfendes Natrium gelb, Kalium röthlich-violett, Barium grün, Strontium roth gefärbt. Glühende feste Körper senden dagegen weißes Licht aus. Weiß ist eine Mischfarbe; fällt weißes Sonnenlicht durch ein Prisma, so werden die Lichtstrahlen verschiedener Farben verschieden stark abgelenkt, und wir erhalten die bekannte Aufeinanderfolge der Regenbogenfarben, das Spectrum des Sonnenlichtes. Die Farben der oben genannten Körper, die ja häufig in der Feuerwerkerei verwandt werden, sind auch nicht rein. Das vom Strontiumdampf ausgehende scheinbar rothe Licht wird durch ein Prisma in eine Reihe von einander getrennter, rother, gelber und blauer Linien zerlegt, wobei die rothen Linien stark überwiegen. Außer Rot sendet demnach der Strontium-Dampf auch gelbes und blaues Licht aus. Das Prisma analysirt die Farben, und das Bild, das es entwirft, das Spectrum, ist charakteristisch für den betreffenden Körper. Da die Spectra der bekannten Grundstoffe untersucht sind, so können wir umgekehrt aus dem Spectrum den Körper bestimmen, von dem das Licht ausgeht. Die Spectra glühender, fester Körper bestehen, ähnlich wie das der Sonne, aus einer Reihe verschieden gefärbter Bänder, sie heißen Banden-Spectra. Die Spectra glühender Gase dagegen setzen sich aus einzelnen, von einander getrennten Linien zusammen (Linien-Spectra).

Das Spectrum des elektrischen Funkens enthält die Linien, die

charakteristisch sind für die Metalle, zwischen denen der Funke über=
springt, ein Beweis für die auch direct zu constatirende Thatsache, daß
der Funke Spuren von dem Metall des Conductors mit sich reißt und
zum Verdampfen bringt. Des weitern finden sich im Spectrum des
elektrischen Funkens aber auch die Linien, welche dem Gase angehören,
das er durchsetzt.

Dem elektrischen Funken als solchem kommt demnach kein Licht zu,
die Quelle des von ihm ausgestrahlten Lichtes sind mitgerissene Metall=
theilchen und das längs der Funkenbahn glühende Gas. Sorgt man
durch passende Wahl der Conductoren dafür, daß möglichst wenig
Metalltheilchen übergerissen werden, so ist der Funken bläulich=weiß,
wenn er überspringt in atmosphärischer Luft, weiß in Sauerstoffgas,
bläulich bis grün in Kohlensäure, bläulich bis purpurfarbig in Stickstoff,
roth in Wasserstoff, doch treten diese Farben=Unterschiede nur beim
Ueberspringen von Funken in verdünnten Gasen deutlich auf; je mehr
sich der Druck, unter dem das Gas steht, dem der Atmosphäre nähert,
desto mehr geht die Farbe des Funkens in Weiß über.

Das Spectrum des Blitzes ist fast identisch mit dem des Stickstoffs,
nur schwach treten in ihm die Linien des Sauerstoffs und des Wasser=
stoffs auf. Eine eigene Farbe kommt dem Blitz so wenig zu wie dem
elektrischen Funken, die Luft ist es, die dort aufleuchtet, wo der elek=
trische Ausgleich sich vollzieht, die mehr oder minder große Beimengung
von Wasserdampf, vielleicht auch anderer Stoffe, beeinflußt die Farbe des
Blitzes. Aus Beobachtungen auf dem hohen Sonnblick in den Tauern
ziehen Elster und Geitel [1] den Schluß, daß der Blitz röthlich gefärbt
ist, wenn die Wolke den negativen, die Erde den positiven Pol der
Entladung bildet, bläulich, wenn das Umgekehrte der Fall ist. Für diese
Behauptung spricht auch folgender Versuch, den die genannten Forscher
anstellten. Einer schlecht leitenden Wasseroberfläche wurde eine stumpfe
Metallspitze gegenübergestellt. Die Wasseroberfläche vertrat die Wolke,
die Metallspitze die hervorragenden Felsspitzen, in die der Blitz ein=
schlägt. Wasser und Spitze wurden je mit einem Pol eines großen
Inductions=Apparates verbunden. Entsprechend den Beobachtungen an
Blitzen waren die Funken röthlich gefärbt, wenn die Wasserfläche den
negativen Pol, bläulich, wenn sie den positiven bildete.

Flächenblitze.

Als Flächenblitz bezeichnet man Blitze von großer Ausdehnung in die
Breite. Bisweilen scheinen sie nur die Umrisse einer Wolke zu erleuchten, in

---

[1] Elster u. Geitel, Wiener Ber. 101, Abth. II a 1892.

andern Fällen verbreitet sich ihr Licht über die ganze Oberfläche einer solchen. In manchen Fällen scheint das Licht aus dem Innern zu kommen, so daß es den Anschein hat, als ob die Wolke sich öffne. Die Flächenblitze sind häufiger, als man im gewöhnlichen Leben anzunehmen geneigt ist. Man hat ihre Existenz ganz bestreiten wollen, indem man sie für Zickzackblitze erklärte, die entfernten Beobachtern je nach ihrem Standpunkt als Flächenblitz erscheinen können, z. B. wenn sich eine Wolke wie ein Schleier vor sie legt. Im Widerspruch mit dieser Auffassung stehen erstens die spectroskopischen Beobachtungen [1].

Während, wie oben bemerkt, Zickzackblitze Linien-Spectra liefern, geben die Flächenblitze, gleich dem Sonnenlicht ein Banden-Spectrum. Ganz ähnliche Spectra erhalten wir von dem oben (S. 5) beschriebenen Büschellicht.

Zweitens weisen auch die Beobachtungen selbst darauf hin, daß der Flächenblitz wesentlich verschieden ist vom Zickzackblitz. Schon in seiner Dauer unterscheidet er sich von demselben. Die Dauer eines Zickzackblitzes dürfte kaum mehr als $^1/_{1000}$ Secunde betragen; der Flächenblitz währt mindestens meßbare Bruchtheile einer Secunde. Es scheint, daß der Flächenblitz gebildet wird durch das nicht ganz gleichzeitige Aufleuchten vieler kleiner Fünkchen aus vielen Punkten der Wolken-Oberfläche, er ist also nicht wesentlich verschieden von dem Büschellicht, und von dem später zu beschreibenden Elmsfeuer unterscheidet er sich nur durch die kurze Dauer.

Aeußerlich dem Flächenblitz ähnlich, oft kaum von ihm zu unterscheiden, ist die unter dem Namen Wetterleuchten bekannte Erscheinung, dieses ist nichts anderes als der Widerschein eines weit entfernten Gewitters. Man hat lange die Richtigkeit dieser Erklärung bezweifelt, doch ist ihre Richtigkeit jetzt durch gleichzeitige Beobachtung von Wetterleuchten und Gewittern in der Richtung, in der man das Wetterleuchten sah, festgestellt. v. Bezold constatirte, daß in Baiern sogar der Widerschein von jenseits der Alpen sich entladenden Gewittern als Wetterleuchten wahrgenommen wurde. Man kann indessen dem Wetterleuchten ähnliche Erscheinungen nicht nur am Horizont, sondern auch weit höher am Himmel, ja sogar im Zenith bemerken. In solchen Fällen kann man offenbar nicht an den Reflex eines entfernten Gewitters denken; vielleicht wird dieses Wetterleuchten hervorgerufen durch eine dem später zu besprechenden Elmsfeuer ähnliche Ausströmung in den Wolken oder durch Gewitter, die in solcher Höhe sich abspielen, daß der Donner nicht mehr zu uns dringt. Für die erstere Auffassung spricht eine Be-

---

[1] Kundt, Poggendorff's Ann. d. Phys. 135. 1868.

obachtung, die M. d'Abbadie in Abessynien machte. Am 1. December 1845, Morgens 8 Uhr, war er im Begriff, einen schwach geneigten Hügel herabzusteigen. Der etwa 100 m tiefer liegende Thalboden war mit einem fast durchsichtigen Nebelschleier bedeckt. Als der Reisende noch etwa 2 km von der Grenze des Nebels entfernt war, sah er plötzlich in der Mitte desselben eine glänzende Fläche aufleuchten. Das Licht verbreitete sich momentan über die ganze Nebelschicht hinweg, ein Donner wurde weder von dem Reisenden noch von den ihn begleitenden Eingeborenen gehört. Die Trennung der Zickzack- und Flächenblitze wird erschwert durch die oft enorme Häufigkeit der Blitzentladungen während eines einzigen Gewitters. Am 22. August 1893 konnte Prohaska bei einem Gewitter im Gailthal innerhalb einer Viertelstunde 1000 Blitze zählen. Die Alpenkette erschien continuirlich erleuchtet, und man konnte nur ein Abnehmen und Anschwellen des Lichtes constatiren.

3. Kugelblitze.

Wohl wenige Naturerscheinungen sind so wenig aufgeklärt und bieten so viel Räthselhaftes wie die Kugelblitze, man hat sie deshalb geradezu in das Reich der Fabel verweisen wollen und behauptet, die Personen, welche von solchen berichten, seien das Opfer ihrer Phantasie oder einer optischen Täuschung geworden. Aber Arago, der eine ganze Reihe Beispiele von Kugelblitzen anführt, fragt mit Recht: „Wohin würden wir denn kommen, wenn wir alles leugnen wollten, was wir nicht erklären können?" Uebrigens liegt auch gerade aus neuerer Zeit eine ganze Reihe Berichte über Kugelblitze von solchen Personen vor, von denen man nicht annehmen kann, daß sie das Opfer einer Sinnes- täuschung geworden sind. Manche dieser Blitze wurden auch gleichzeitig von mehrern Personen beobachtet, und eine gleichzeitige Täuschung dieser wäre noch schwieriger zu erklären, als die Kugelblitze. Damit sich der Leser selbst ein Urtheil bilden kann, gebe ich nachstehend eine Reihe von Bei- spielen über Kugelblitze, die fast durchweg der reichhaltigen Sammlung von Professor Sauter[1]) entnommen sind. Charakteristisch für die Kugel- blitze ist sowohl ihre Form, die von den meisten Beobachtern mit der einer Regelkugel verglichen wird, als auch ihre Dauer und Geschwindig- keit. Der Umstand, daß sie Minuten lang andauern, sowie daß sie sich verhältnißmäßig langsam bewegen — am häufigsten wird ihre Geschwindig-

---

[1]) Sauter, Ueber Kugelblitze. Beilage zum Programm des Kgl. Real-Gymnasiums in Ulm. I. Theil: Theorie der Kugelblitze, 1890. II. Theil: Beispiele von Kugel- blitzen, 1892.

keit mit der eines Menschen oder eines Thieres verglichen — läßt es erklärlich erscheinen, daß man diese Erscheinungen gar nicht in die Kategorie der Blitze rechnen wollte. Verwechslungen mit Meteoren mögen ja vorgekommen sein, aber anderseits lassen die Wirkungen vieler Kugelblitze auf Menschen es unzweifelhaft erscheinen, daß man es hier mit elektrischen Erscheinungen zu thun hat. Es erscheint auffällig, daß die wenigen vom Blitz getroffenen Personen, welche im Stande waren, nachträglich über den erlittenen Unfall zu berichten, fast stets angeben, eine Feuerkugel sei auf sie zugestürzt. Im allgemeinen erinnern die Bewegungen der Kugelblitze an nichts weniger, als an die eines fallenden oder geworfenen Körpers. Wenn behauptet wird, ein Kugelblitz sei langsam dahingeschwebt oder er sei wie ein Gummiball auf- und abgehüpft, so wird man dabei sicherlich nicht an ein Meteor denken. Die meisten Kugelblitze wurden während Gewittern und starkem Regen gesehen, nasses Terrain scheinen sie zu lieben, sie verschwinden oft in irgend welchen Wasser-Ansammlungen. Vielfach wird man bei der Lectüre der folgenden Berichte (vergl. z. B. Nr. 10 und 11) an die sagenhaften Irrlichter erinnert, die man eine Zeit lang vergeblich durch Ansammlungen brennbarer Gase zu erklären suchte.

Beispiele von Kugelblitzen.

1. Herr Steinmann theilt in einem an Arago gerichteten Briefe eine zu Altona im Jahre 1826 gemachte Beobachtung über das Einschlagen eines kugelförmigen Blitzes mit:

„Es war, dünkt mich, im Jahre 1826, als in das Haus eines meiner Freunde und Collegen in Altona, wo ich damals als Arzt practicirte, ein Blitz einschlug. Das Haus liegt 100 bis 130 Fuß höher, als der Wasserspiegel der Elbe. Mein Freund, Dr. van der Smissen, ging in seinem Saale auf und ab, als der Donnerschlag sich hören ließ. In diesem Augenblick ward auf dem Fußboden des Zimmers eine feurige Masse sichtbar, welche in Gestalt eines eirunden Balles von der Größe eines Hühnereies nahe an der Mauer längs der Vertäfelung hinlief, die, wie es in unserer Stadt gewöhnlich geschieht, mit Firniß überzogen war. Mit der Schnelligkeit einer Maus lief der Feuerball auf die Thür zu, sprang dort, unter neuem Krachen, auf das Geländer der Treppe, die in das Erdgeschoß führte, und verschwand, wie er gekommen war, ohne eine Spur von Zerstörung zurückzulassen." (Arago, IV. Bd., S. 40.)

2. Am 10. September 1845, gegen zwei Uhr Nachmittags, traf während eines heftigen Gewitters der Blitz ein Haus des Dorfes Salagnac (Creuse). Mit dem Donnerschlag, der sehr heftig war, stieg durch das Kamin eine etwa faustgroße Feuerkugel herab, von der eine

Menge von Funken ausgingen. Diese Kugel fiel mitten zwischen ein Kind und drei Frauen, wandte sich dann, ohne diesen irgend welchen Schaden zuzufügen, gegen einen hölzernen Gefäßständer zu, zerstörte einige der Gefäße, erreichte dann die Mitte der Küche, durchsetzte diese in gerader Linie, ging an den Füßen eines jungen Mannes vorbei und drang anstatt in's Freie in ein der Küche nahe liegendes Zimmer ein und verschwand ohne Hinterlassung irgend welcher Spur. Die Kugel verbreitete einen dichten, nach Schwefel riechenden Rauch. In einem kleinen Stall fand man ein dort eingeschlossenes Schwein todt vor. Der Blitz hatte das Heu und Stroh durchsetzt, ohne es jedoch in Brand zu setzen. (Sestier, 1. Bd. S. 139, nach Maslieurad Lagémarb.)

3. Durch Frau Wittwe Pfarrer Bunz erhielt Professor Sauter am 28. Februar 1889 aus Tübingen folgendes Schreiben: „Es war im Jahre 1868, als wir als Pfarrleute in Baireck bei Schorndorf wohnten. Eines Tages zog ein schweres Gewitter über den Schurwald. Auf einmal erdröhnte das ganze Haus von einem furchtbaren Donnerschlag, so daß eine alte, eben anwesende Frau beinahe vom Sessel fiel. Zugleich war in der Mitte des Zimmers eine feuerige Kugel sichtbar, ungefähr in der Größe, wie die Sonne sich dem Auge der Erdbewohner zeigt. Der erste Gedanke war natürlich bei jedem, ob man nicht selbst vom Blitze getroffen sei. Als Beweis, daß dies nicht der Fall war, kam von Aller Mund: »Das hat eingeschlagen.« Aber wo? Im Hause selbst nahm man nur einen schwachen Schwefelgeruch wahr. Nun rief auf ein Mal der Nachbar herauf: »Herr Pfarrer, mir hat gerade der Blitz meinen schönsten Baum erschlagen.« Es war zwanzig Schritte von unserer Wohnung entfernt."

4. Den 24. Juli 1876, zwischen 3½ und 4 Uhr Nachmittags, stürzte ein wolkenbruchartiger Regen, gemischt mit großem Hagel und begleitet von Blitzen und Donner, auf den Platz der Bastille, welchen Planté in diesem Augenblick überschritt. Der Wind war relativ schwach, die Gewitterwolke hielt sich einige Augenblicke hindurch ganz ruhig, die Entladungen waren unaufhörlich, und mehrere Donnerschläge, welche den Blitzen ohne merklichen Zeitunterschied folgten, kündigten an, daß der Blitz mehrere Male in der Nachbarschaft eingeschlagen habe. Planté stellte sofort eine Untersuchung an und brachte in Erfahrung, daß der Blitz drei Mal hintereinander fast an derselben Stelle eingeschlagen habe, nämlich in das Theater Beaumarchais, in den Hof und den Garten des Hauses Nr. 28 der Rue des Tournelles.

Der Regisseur des Theaters, welcher sich im Costüm-Magazin, einem kleinen Zimmer im obern Theile des Hauses, befand, sah eine Feuerkugel von der Größe einer Faust niederfallen.

In der Rue des Tournelles bemerkte ein Arbeiter, der im vierten Stock wohnte, eine Feuerkugel von der Größe einer Kanonenkugel; dieselbe ging vom Dachrande nahe an einem Blumentopfe vorbei und zerbrach nur einen Stab, sie fiel dann in den Hof. In demselben Augenblick beobachtete ein anderer Arbeiter, der im Erdgeschosse stand, drei kleine Feuerkugeln oberhalb des Bodens desselben Hofraumes, welcher dann vollständig überschwemmt wurde.

Der Bronce-Fabrikant Langueau sah in seinem Garten zwei oder drei leuchtende Kugeln; dieser Garten war in Folge des Regens, welcher wie eine wirkliche Trombe herunterfiel, in ein weites Wasserfeld verwandelt. (Planté, Elektr. Ersch. S. 21.)

5. Herr H. F. Ulrichs berichtet über einen Blitzschlag zu Vegesack bei Bremen am 5. Mai 1881, 3³/₄ h. p. m. Der Blitz, von verschiedenen Personen beobachtet, erschien kugelförmig, kam bei theilweise heiterm Himmel, ohne gleichzeitigen Regen. Getroffen wurde ein Complex von Fabrikgebäuden, in welchen sich Schmiede-Glühofen, Kesselanlage und eine Werkzeug-Maschinenhalle befanden. Der Blitz ging am Blitzableiter des großen Schornsteins herunter, zerbrach etwa 4,5—5 m über dem Erdboden die runde eiserne Leitungsstange und vertheilte sich in die Fabrikräume. Ein Strahl ging durch das Fabrikgebäude zu einer außerhalb desselben stehenden, im Gange befindlichen Lochmaschine, wo ein Arbeiter getödtet und mehrere betäubt oder etwas gelähmt wurden. Derselbe Strahl ging weiter in das Wohnhaus Nr. 65, woselbst sich zwei elektrische Glockenleitungen befinden. Zuerst in einen kleinen Hausflur eindringend, wo er an den Wänden und der Decke mehrere 1—3 cm große Löcher machte, in welchen der Draht bloßgelegt ist, ging er durch eine Ecke in das nebenan befindliche Comptoir. Hier zerstörte er den Drücker einer elektrischen Leitung, an dessen Stelle eine schwarze Brandstelle entstand. Die Leitung selbst ist intact geblieben. Sodann ging er im Zickzack unter der Zimmerdecke hin und drang, unter einem hölzernen Schiffsmodell einen Riß in der Wand verursachend, durch eine Ecke in ein nebenan befindliches Zimmer, wo er in einem Schornstein verschwand.

Außer dem schon bemerkten Lichtstrahl ging ein anderer durch das Kesselhaus, kam in Gestalt einer feuerigen Kugel (diese Gestalt ist auch anderseits mehrfach wahrgenommen worden) unter dem Kessel hervor, bewirkte, daß das eine Kesselfeuer herausschlug, betäubte den Kesselheizer, ging ferner in Gestalt einer feuerigen Schlangenlinie langsam am Portiershause vorüber, sprang über einen ca. 100 m langen Fabrikhof mit einem ziemlich großen Eisenlager und drang, ohne Schaden anzurichten, quer durch ein Fabrikgebäude, weiter durch einen Maschinenhaus-

Anbau und von hier aus an das daranstoßende Kesselhaus, wo er noch einige Dachpfannen lockerte, seine weitere Wirksamkeit aber aufhörte.

Außer dem Portier und zwei Arbeitern, die im Portiershause anwesend waren, bezeugten mehrere andere auf der Werft beschäftigte Personen übereinstimmend das nahe Vorbeiziehen dieses merkwürdigen Kugelblitzes, der etwa die Geschwindigkeit eines Fußgängers besaß. („Die Blitzgefahr". Nr. 2, v. Fr. Reessen, S. 28.)

6. Ueber den Tornado, der am 19. August 1890 Saint-Claude heimsuchte, berichtet M. Cadenat, Professor der Physik am College de Saint-Claude, Folgendes: Unter den elektrischen Phänomenen, welche die Trombe begleitet haben, sind die Feuerkugeln am häufigsten und bestimmtesten nachgewiesen. Alle gesammelten Notizen, sowohl in Saint-Claude als in den von der Trombe durchschrittenen Dörfern, sind durchweg dieselben und zeigen nirgends Verschiedenheiten. Man kann daher einige sichere Thatsachen anführen.

Ein Bauer aus Vizu, mit seinem Vieh nach Hause zurückkehrend, wird vom Orcan überrascht und sieht eine Feuerkugel, welche mit großer Schnelligkeit herabsteigt. Vom Schrecken ergriffen, wirft er sich sofort zur Erde. Die leuchtende Kugel schlägt auf den Boden, zerspringt mit einem Krach und bedeckt ihn mit Staub. Dies ist der einzige Fall einer festgestellten Explosion.

Einwohner von Vers l'Eau und von Samiset haben Kugeln gesehen, groß wie ein Kopf, von lebhaftem Roth, welche sich langsam auf einige Scheunen zu bewegten, das Heu in Brand steckten und dann verschwanden.

In Saint-Claude haben viele Personen, welche beim Ausbruch des Orcans gegen den Winddruck kämpften, um ihre Fenster zu schließen, Feuerkugeln von der Größe einer Billardkugel gesehen, welche in der Drehungsrichtung der Trombe mit Gewalt fortgerissen wurden. Eine große Zahl anderer haben Feuerkugeln eindringen sehen in ihre Wohnungen durch die Schornsteine oder Ofenthüren, langsam sich fortbewegend in den Zimmern und einen leuchtenden, leicht spiralig gewundenen Streifen hinterlassend.

Herr Mermet, Rue du Pré, hat drei Feuerkugeln herabsteigen sehen in einen innern Hofraum hinter seinem Hause. Zwei hatten eine langsame Bewegung in einiger Entfernung vom Boden. Die dritte hatte sich auf eine Eisenstange geworfen, welche der Wind auf eine Mauer, ein wenig über einem Fenster, geweht hatte. Dann ist sie auf den Erdboden zurückgesprungen und auf der Oberfläche einige Meter weit fortgelaufen. Plötzlich die Richtung ändernd, ist sie in einen Corridor gegangen, wo sich eine nach der Straße herabsteigende Treppe befindet. Am Ende der Treppe ankommend, ging die Kugel zwischen der Mauer und der offenen Thür hindurch, zerstörte einen großen Theil des Schlosses, riß die Eisenbeschläge der Thüre fort und trat dann hinaus auf die Straße, in die Thüre ein großes Loch machend und dieselbe buchstäblich von oben bis unten spaltend.

In der Druckerei des Echo de la Montagne hat der Journalist M. Enard Feuerkugeln gesehen, welche, durch die Spitzen eines Eisengitters angezogen, während der Dauer des Orcans von .einer Spitze zur andern sprangen.

M. Hytier, Architekt, hat von seinem Balcon aus die Trombe ankommen sehen, durchfurcht nach allen Richtungen von zahlreichen Kugeln. Man hat auch eine große Menge Funken, welche die Luft erfüllten, wahrgenommen.

Die dem Kugelblitze zuzuschreibenden materiellen Verwüstungen sind sehr interessant zu studiren: Man meldet einige verbogene Thürschlösser, man bemerkte auch eine große Zahl kreisrunder Löcher in den Fensterscheiben der Vorderseiten. Ihr Durchmesser ist in der Regel 8 cm; ihr Bruch ist frei, nicht sternförmig, auf der innern Seite glatt anzufühlen und nach der äußern einen scharfen Grat darbietend. Zuweilen sieht man auf das Glas eine Reihe Wellen gezeichnet, concentrisch um das kreisrunde Loch gruppirt, von constanter Länge, während deren Höhe nach dem Rande hin abnimmt. Es hat also rund herum der Anfang einer Schmelzung stattgefunden. Diesen Effect sieht man besonders am Buffet des Bahnhofes.

Endlich bringe ich noch folgende zwei Thatsachen, welche in der Gasanstalt, in den Zimmern des Directors, vorgekommen sind. Eine Gardine von weißer Baumwolle hat in ihren Fasern eine gewisse Zerrüttung erlitten. Bei der Betrachtung bemerkte man nichts, aber bei der leisesten Berührung zerfällt sie in eine Art Charpie. Eine zweite gelbe Damast-Gardine ist in der Mitte stellenweise gebleicht. Die entfärbende Wirkung des Ozons ist hier constatirt. Endlich hat sich durch die Feuerkugel ein charakteristischer Schwefelgeruch verbreitet, herrührend von dem durch den Blitz gebildeten Ozon. (Aus der Zeitschr. „Das Wetter". 1890. S. 295.)

7. Herr Butti, Marinemaler der Kaiserin von Oesterreich, hat Arago von Triest folgende Mittheilung gesandt: „Im Jahre 1841 und zwar, wenn mein Gedächtniß mich nicht täuscht, im Monat Juni, wohnte ich in Mailand im Gasthaus zum Lamm, in einem Zimmer des zweiten Stockes, mit der Aussicht nach der Chiesa bei Servi. Es war Nachmittags gegen 6 Uhr, der Regen fiel in Strömen herab und die dunkelsten Zimmer wurden von Blitzen heller erleuchtet, als bei uns

durch Gasflammen. Der Donner ertönte von Zeit zu Zeit mit entsetz-
lichem Krachen. Die Fenster der Häuser waren geschlossen, die Straße
veröbet, weil der Regen, wie gesagt, in Strömen herabfloß und den
Weg in einen Gießbach verwandelt hatte. Ruhig dasitzend, rauchte ich
meine Cigarre und betrachtete von fern durch das geöffnete Fenster den
Regen, der bisweilen, durch die Sonne erleuchtet, in goldigen Fäden
erglänzte, als ich plötzlich auf der Straße mehrere Kinder und Er-
wachsene rufen hörte: Guarda, Guarda! (seht, seht!) und gleichzeitig ein
Geräusch wie von einigen mit Nägeln beschlagenen Schuhen vernahm.
Seit einer halben Stunde hatte ich keinen Lärm auf der Straße gehört,
und so erregte das erwähnte Geräusch meine Aufmerksamkeit; ich eilte
an's Fenster und wandte das Gesicht nach der rechten Seite, woher das
Geräusch kam. Der erste Gegenstand, den ich erblickte, war eine
feurige Kugel, welche sich mitten in der Straße, in der Höhe meines
Fensters, nicht in horizontaler, sondern in etwas schiefer Richtung
vorwärts bewegte. Acht bis zehn Leute aus dem Volke riefen, noch
immer ihre Augen nach dem Meteore gewendet: Guarda, guarda! und
begleiteten die Erscheinung, indem sie ihr die Straße entlang folgten,
etwa im Geschwindmarsch der Soldaten. Das Meteor zog ruhig an
meinem Fenster vorbei und nöthigte mich, den Kopf nach links hin zu
wenden, um zu beobachten, wie diese sonderbare Erscheinung endigen
würde. Weil ich indessen fürchtete, dasselbe hinter den Häusern, welche
aus der geraden Front des von mir bewohnten heraustraten, aus dem
Gesichte zu verlieren, eilte ich rasch auf die Straße und kam zeitig
genug, um es noch zu sehen und mich den Neugierigen, welche ihm
folgten, anzuschließen. Das Meteor bewegte sich noch so langsam; es
hatte sich aber, weil es, wie schon gesagt, in schiefer Richtung ging,
erhoben, so daß es nach weitern drei Minuten steigender Bewegung
das Kreuz des Thurmes auf der Kirche bei Servi erreichte und dort
verschwand. Sein Verschwinden war von einem dumpfen Krachen begleitet, ähnlich der Entladung eines Sechsunddreißig-Pfünders, wenn
diese in einer Entfernung von drei Meilen gehört wird. Soll ich eine
Vorstellung von der Größe und Farbe dieser feurigen Kugel geben, so
kann ich sie nur mit dem Monde vergleichen, wie man ihn in einer
heitern Winternacht aufgehen sieht; wie ich mich z. B. erinnere, ihn zu
Innsbruck in Tyrol gesehen zu haben, nämlich von einem röthlichen
Gelb, mit einigen mehr in's Rothe spielende Flecken. Doch fand darin
ein Unterschied statt, daß man in dem Meteor keine bestimmten Umrisse
wie beim Monde wahrnahm; es schien vielmehr in eine Licht-Atmosphäre,
deren Grenze man nicht bestimmt angeben konnte, eingehüllt zu sein."
(Arago, IV. Bd. S. 42.)

8. Ohne bemerkenswerthe vorherige Gewitter-Erscheinungen traf am 17. Mai 1885 ein Blitz die Pfarrkirche in Wenden bei Olpe bei Beginn des Hochamts. Der Blitz fuhr an der am Thurm befindlichen höchsten der vier Spitzen des Blitzableiters herunter, erschlug einen Mann, der nach wenigen Minuten seinen Geist aufgab, verletzte eine Anzahl Personen, besonders viele Kinder, und endigte seinen Verderben bringenden Lauf mit der eigenthümlichen Erscheinung einer unter heftigem Knalle platzenden Feuerkugel. Die Untersuchung ergab, daß der Blitz etwas über der Erdoberfläche, dort, wo das in Manneshöhe beginnende, den Kupferdraht schützende Gasrohr aufhört, abgesprungen war und seinen Weg in das Innere der Kirche genommen hat. Einer Anzahl von Menschen sind die Absätze nebst den Schuhsohlen von den Schuhen gerissen, die Schuhnägel lagen, herausgerissen, zerstreut umher, und mehr oder weniger haben die Getroffenen Verletzungen an den Füßen davongetragen. (Gäa, XXI. Bd., S. 497.)

9. In den „Hist. nat. de l'air et des météores t. VIII. p. 291" erzählt Abbé Richard Folgendes: „Als ich am 2. Juli 1750 mich während eines Gewitters, Nachmittags um 3 Uhr, in der Kirche zu St. Michael zu Dijon befand, sah ich plötzlich zwischen den beiden ersten Pfeilern des großen Schiffes eine Flamme von stark feuerig rother Farbe erscheinen, die in einer Entfernung von drei Fuß über dem Fußboden der Kirche in der Luft schwebte. Diese Flamme erhob sich dann zur Höhe von 12—15 Fuß und wuchs dabei an Umfang. Darauf setzte sie ihr Aufsteigen in diagonaler Richtung einige Toisen weit bis in die Nähe des Gehäuses der Orgel fort und endigte dann, sich ausdehnend, mit einem Knalle, ähnlich dem einer in der Kirche selbst abgefeuerten Kanone" (Arago, IV. Bd. S. 40.)

10. Herr Hauptmann Schabel, vom 13. Fuß-Art.-Bat. in Ulm, ließ Herrn Prof. Sauter folgende Mittheilung zukommen: „Ueber die Beobachtung eines Kugelblitzes vermag ich noch Folgendes aus der Erinnerung zu erzählen. Es war in einem der 60er Jahre am Himmelfahrtstag, Mittags zwischen 12 und 1 Uhr, in Ellwangen, das Wetter war warm, der Himmel bewölkt, aber nicht gewitterhaft, kein Sturm; ich befand mich auf der Straße, als plötzlich ein greller Blitz und unmittelbar darauf folgender Donnerschlag anzeigte, daß es eingeschlagen haben mußte. Da die Stiftskirche ganz in der Nähe war, sah ich zuerst dorthin und bemerkte nun, wie sich vom Fuß eines der Thürme zwei feurige Kugeln divergirend in mäßiger Geschwindigkeit quer über den Marktplatz auf mich zu bewegten. Beide Kugeln hatten ungefähr die Größe einer kleinen Kegelkugel und bläuliches Licht. Mein erster Gedanke war, den Kugeln aus dem Wege zu gehen, und ich flüchtete

mich deshalb in das nächststehende Haus. Als ich nach einiger Zeit wieder heraustrat, war absolut nichts mehr zu sehen und auch sonst keine Gewittererscheinung zu bemerken. Auf der Straße befand sich meines Wissens zu dieser Zeit noch kaum jemand, da es Essenszeit war. Mit meiner Erzählung über diese Erscheinung fand ich nirgends Glauben."

11. Herr Oberförster Mehl aus Mochenthal, O.-A. Ehingen, berichtet: „Ich war im Revier Schönthal nach einem sehr heißen Tag Abends auf der Pürsche, es mag Ende Juni 1874 gewesen sein. Gegen 9 Uhr wurde ich, auf dem Heimweg begriffen, von einem überaus heftigen Gewitter überrascht, vor dem ich mich unter eine alte Waldhütte, welche unmittelbar an einem chaussirten Sträßchen sich befand, flüchtete. Während das Gewitter mit unerhörter Gewalt tobte, bemerkte ich Kugeln von bläulicher Färbung, welche auf dem Sträßchen daherrollten, und sich unter knisterndem Geräusch in sprühende Funken auflösten, theils vor, theils hinter meinem Standort. Die Kugeln waren von der Größe einer mittlern Kegelkugel. Das Platzen derselben, das mehrmals in meiner unmittelbaren Nähe erfolgte und das ich daher ganz genau beobachten konnte, verursachte keinen Knall, wohl aber eine solch blendende Helle, daß ich momentan vollständig geblendet war. Die Schnelligkeit, womit sich die Kugeln bewegten, war keine sehr große, nicht größer als die einer scharf geschobenen Kegelkugel, alle verfolgten dieselbe Richtung, genau die Straßenbahn einhaltend, in Zwischenräumen von verschiedener Zeitdauer, mehrmals rasch auf einander, und habe ich etwa in einem Zeitraum von einer halben Stunde 25 bis 30 solche Kugeln beobachtet. Das Gewitter hatte sich in dem, einen muldenförmigen Einschlag bildenden Waldcomplex festgesetzt und tobte hier in furchtbarer Heftigkeit volle zwei Stunden. Die Kugelblitze zeigten sich gleich zu Beginn des Gewitters, während der Regen in Strömen floß und gewöhnliche Blitze unter unausgesetzten Donnerschlägen von allen Seiten niederfuhren und mehrmals in meiner Nähe einschlugen. Da ich die Straße der Kugelblitze wegen, den angrenzenden Hochwaldbestand aber wegen der meist in denselben einschlagenden gewöhnlichen Blitze nicht zu betreten wagte, so blieb ich auf meinem Platz unter der alten Hütte, bis das Gewitter etwa Nachts 11 Uhr ziemlich ausgetobt hatte, und war froh, endlich den unheimlichen Posten mit heiler Haut verlassen zu können. Indessen habe ich Kugelblitze zu beobachten nie mehr die Gelegenheit gehabt, habe auch gar kein Verlangen, nochmals in einem solchen Granatfeuer zu stehen, wie in jener Nacht."

12. Herr Hogard, ehemaliger Marine-Offizier, erzählt, daß er am 26. August 1821 in Epinal, als er während eines Gewitters nahe am

Fenster stand, eine Feuerkugel sich gegen die Wolken unter einem Winkel von 50° bis 60° erheben sah, und zwar mit einem Zischen, ähnlich dem der Raketen. In demselben Augenblicke empfand er einen elektrischen Schlag, der so stark war, daß er ihn noch mehrere Tag lang spürte. Die Explosion, welche dieser Erscheinung folgte, war der eines Mörsers ähnlich. (Comptes rendus T. 33, p. 894.)

13. Bei dem furchtbaren Gewitter, welches sich am 13. Juli 1889 zwischen 3 und 4 Uhr Nachmittags über Friedrichshafen entlud, schlug der Blitz wenige Schritte vor dem König Karl von Würtemberg, welcher sich unter dem Vordach vor seinem Arbeitszimmer befand, im Schloßgarten ein. Der Blitz fuhr an einer hohen Akazie entlang, ohne den Baum selbst erheblich zu schädigen, und schlug an deren Fuß zwei strahlenförmig verlaufende Löcher in den Boden, welche die Wurzeln bloßlegten. Gleichzeitig zeigte sich auf dem Rasen zwischen der Akazie und einem sternförmig angelegten Blumenbeet eine eigenthümliche Lichterscheinung in Gestalt einer großen feurigen Kugel, die mehrere Secunden sichtbar war, sich nach oben tosend bewegte und unter Knistern verschwand. (Staats-Anzeiger für Würtemberg vom 16. Juli 1889.)

14. Nachdem es schon einige Augenblicke gedonnert, jedoch nicht geregnet hatte, schlug plötzlich der Blitz zu Hautefenille, im Bezirk Charny (Yonne) auf eine große Eiche, deren Rinde vom Stamme getrennt wurde. Nachdem der Blitz hierauf die Gestalt einer Kugel von ungefähr 50 cm Durchmesser angenommen hatte, bewegte sich dieselbe auf dem Boden einem etwa 300 m entfernten Bauernhof zu und hatte den Anschein, in die Scheune einzudringen, als sie plötzlich innehielt und sich in eine Tränke stürzte, wo sie verschwand. Die Kugel drehte sich mit großer Geschwindigkeit um sich selbst und schien um sich die Erde der Furche zu werfen, welche sie in den Boden gegraben hatte, wobei sie das Gras auf ihrem ganzen Wege verbrannte. Sie hinterließ keine Spur von Rauch. Die Dauer dieses imposanten Schauspiels vom Einschlagen in die Eiche bis zum Verschwinden der Feuerkugel in die Tränke schien nach der Aussage der Zeugen mehr als eine Minute zu währen. (Sestier, I. Bd., S. 127.)

15. Am 24. August 1889, Abends 8 Uhr, wurde, nachdem im Laufe des Tages schon mehrere Gewitter über den Ort weggezogen waren, im Gasthof des Herrn P. Rieder in Hermagor im Gailthal ein Kugelblitz beobachtet. In der ebenerdig gelegenen Küche des bezeichneten, in der Mitte des Marktes gelegenen Gasthofes befanden sich zur genannten Zeit Frau Rieder sammt Tochter und Magd. Letztere stand bei der Thüre, mit dem Gesicht gegen den Herd gewendet, plötzlich blitzte es

heftig, und in demselben Augenblicke sah sie über der Herdplatte einen leuchtenden Ball in der Größe einer Kegelkugel. Sein Licht war blau und dem einer Spiritusflamme ähnlich; er war in Rotation, bewegte sich wälzend über die erhitzte Herdplatte hin und fiel sodann zu Boden. Weitere Beobachtungen konnten nicht angestellt werden, da die drei genannten Personen flüchtend die Küche verlassen hatten. Als diese nach einiger Zeit wieder betreten wurde, konnte keinerlei Spur einer zerstörenden Wirkung des elektrischen Phänomens wahrgenommen werden; ob sein Verschwinden mit einer Detonation begleitet war, blieb wegen des gleichzeitig erdröhnenden Donners unentschieden. (Met. Zeitschr. 1889, S. 472.)

16. Auf Isle de France senkten sich eines Abends, im Jahre 1770, die Wolken, so weit man darüber nach den Bergen am Hafen urtheilen konnte, bis auf die geringe Höhe von 400 m. Der Regen strömte sehr reichlich herab. „Es blitzte viel, aber diese Blitze, sagt der Akademiker Le Gentil, glichen durchaus nicht den gewöhnlichen Blitzen, sondern waren sehr große feurige Kugeln, welche plötzlich erschienen und eben so wieder ohne Explosion verschwanden." Arago, IV. Bd. S. 34.)

17. Am 6. August 1753 war Richmann, Prof. in St. Petersburg, assistirt von Solokow, damit beschäftigt, die Kraft der atmosphärischen Elektricität mittels eines Apparates zu messen, den er in seinem eigenen Zimmer aufgestellt hatte und welcher mit dem Außenraume in leitender Verbindung stand. Solokow sah eine blaue Feuerkugel, so groß wie eine Faust; dieselbe sprang von dem Apparate gegen den Kopf des Professors, welcher todt zusammen brach. In diesem Augenblick erhob sich eine Art von Nebel oder Dampf. Die Detonation war jene eines Pistolenschusses. Außerhalb des Zimmers sahen mehrere Personen eine Feuerkugel aus den Wolken entweichen und die Spitze des Apparates treffen, welche aus dem Hause ragte. (Planté, Elektr. Erscheinungen S. 99.)

18) Buchwalder, ein schweizerischer Ingenieur, hatte ein geodätisches Signal auf der Spitze des Säntis im Canton Appenzell in 2504 m oberhalb des Meeresniveau aufgestellt. Den 5. Juli 1832 war, sagt Buchwalder, der Berg von Wolken bedeckt, der Wind sehr heftig; um 6 Uhr begann der Regen, und der Donner widerhallte in der Ferne. Hagel fiel in solcher Menge, daß er in wenigen Augenblicken den Säntis mit einer 4 cm dicken Eisschichte bedeckte. Um 8 Uhr 15 Minuten grollte der Donner von neuem und sein Gebrüll, welches immer näher kam, war ohne Unterbrechung bis 10 Uhr hörbar. Ich ging weg, um den Himmel zu erforschen und die Tiefe des Schnee's einige Schritte von dem Zelte zu messen. Kaum hatte ich diese Messung

vorgenommen, als der Blitz mit Wuth aufleuchtete und mich und meinen Gehülfen zum Rückzuge in mein Zelt zwang. Dann umhüllte den Säntis eine dicke und wie die Nacht schwarze Wolke; der Regen und der Hagel fielen in Gießbächen; der Wind blies rasend; die nahen und ineinander vermengten Blitze ähnelten einem Brande; der Donner mischte darein seine überstürzten Schläge. Ich fühlte, daß wir im Mittelpunkte des Gewitters uns befanden. Mein Gehülfe konnte sich einer Schreckensbewegung nicht erwehren, und er fragte mich, ob wir keine Gefahr liefen. Ich beruhigte ihn, indem ich ihm erzählte, daß zur Zeit, als Biot und Arago ihre geodätischen Beobachtungen in Spanien machten, der Blitz auf ihr Zelt fiel, aber nur ihre Kleider gestreift hätte, ohne sie selbst zu berühren. Ich war in der That ruhig; denn gewöhnt an das Grollen des Donners, studirte ich noch, wann er mich noch näher bedrohte. In diesem Augenblicke erschien eine Feuerkugel zu den Füßen meines Genossen und ich fühlte mich am linken Schenkel von einer heftigen Bewegung, die ein elektrischer Stoß war, getroffen. Er hatte ein klägliches Geschrei ausgestoßen: Ach, mein Gott! Ich wendete mich gegen ihn und ich sah auf seinem Antlitze die Wirkung des Blitzschlages. Die linke Seite seines Gesichtes war von braunen oder rothen Flecken durchfurcht. Seine Augen, seine Augenwimpern, seine Augenbrauen waren gekräuselt und versengt; die Lippen und Nasenlöcher waren braunviolett; seine Brust schien sich noch für Augenblicke zu heben; aber bald hörte das Athemgeräusch auf. Ich rief ihn an, er antwortete mir nicht. Sein rechtes Auge war offen und glänzend; es schien mir, daß aus demselben noch ein Strahl des Bewußtseins ging; aber das linke Auge blieb geschlossen, und als ich das Augenlid erhob, sah ich, daß das Auge getrübt war. Ich nahm indeß an, daß er auf der rechten Seite sehend blieb, denn als ich versuchte, das Auge dieser Seite zu schließen, ein Versuch, welcher drei Mal von mir wiederholt wurde, öffnete es sich wieder und schien belebt. Ich legte die Hand auf das Herz, es schlug nicht mehr; ich stach seine Gliedmaßen, den Körper, die Lippen mit einem Zirkel, alles war unbeweglich, er war todt.

Der physische Schmerz entriß mich dieser unglückseligen Betrachtung. Mein linker Schenkel war gelähmt, und ich fühlte ein außergewöhnliches Zittern. Ich erfuhr anderseits ein allgemeines Beben, eine Beklemmung und unregelmäßige Herzschläge. Ich erreichte mit der größten Mühe das Dorf St. Johann. Die Instrumente waren in gleicher Weise vom Blitze zerschlagen. (Nach Buchwalder, Resultate der trigon. Messungen in der Schweiz; Kämtz, Lehrb. d. Meteorol. S. 327.)

19. Am 8. Februar 1860, Nachmittags 1½ Uhr, schlug der Blitz in das Schulhaus zu Bonin im Departement Loire, als die Schüler

eben das Nachmittagsgebet hersagten. Der Blitzschlag machte sich zuerst dadurch bemerklich, daß Kalk, Holz und Steine unter die Kinder fielen, wodurch ein lautes Geschrei entstand. Darauf rollte ein kleiner Feuerball unter die Bänke, an dem Lehrer vorbei, der nur an den Kleidern beschädigt wurde. Sein Sohn dagegen, welcher unter einer Lampe saß, und drei oder vier andere Schüler wurden getödtet. Der Feuerball nahm seinen Weg in's Freie durch eine Fensterscheibe, in welche er ein rundes Loch bohrte, ohne sie sonst zu beschädigen, während alle übrigen Scheiben zertrümmert wurden. (Klein, Das Gewitter, S. 45.)

Perlenschnur=Blitze.

Einen Uebergang von den gewöhnlichen Zickzackblitzen zu den Kugelblitzen scheinen die von Planté sogenannten Perlenschnur=Blitze (éclairs en chapelet) vorzustellen. Dieser Forscher beobachtete von den Höhen von Meudon aus ein sich über Paris entladendes Gewitter, während dessen eine Reihe von derartigen Blitzen niederging. Er beschreibt die Erscheinung folgendermaßen:[1]

„Das Gewitter kündigte sich gegen sechs Uhr Morgens in der Umgegend von Paris an. Eine weite Wolke verdüsterte den Himmel und eine Reihe von Blitzen von großer Länge und sehr mannichfaltigen Formen zuckte auf, einige derselben waren zweitheilig, andere stellten Curven mit vielfachen Spitzen oder geschlossenen Conturen dar. Diese Blitze schienen im allgemeinen aus leuchtenden Punkten zusammengesetzt zu sein, ähnlich wie es die Feuerlinien sind, welche auf einer feuchten Oberfläche durch einen elektrischen Strom von starker Spannung erzeugt werden. Gegen sieben Uhr Morgens, im Augenblick, als das Gewitter sich über Paris zu entladen begann, zuckte ein besonders bemerkenswerther Blitz von der Wolke gegen den Erdboden, wobei er eine Curve ähnlich einem langgestreckten S beschrieb, und blieb eine merkliche Zeit hindurch sichtbar. Er bildete eine Reihe von brillanten Körnern, welche längs eines sehr schmalen Lichtfadens zerstreut waren. Dieser Blitz schien mit Paris in der Richtung von Vaugirard zu treffen. Die Journale veröffentlichten in der That, daß der Blitz in Vaugirard, Grenelle usw. fiel und ferner, daß er unter der Ovoid= oder der Kugelform gesehen wurde. Es ist wahrscheinlich, daß der Blitzschlag gleichzeitig an verschiedenen Stellen entstand, und daß er in der Nähe des Bodens in mehrere Körner getheilt wurde, denn wir haben nur einen einzigen Blitz in dieser Richtung die Erde erreichen sehen. Der Regen war sehr ausgiebig, so daß die von der elektrischen Entladung durchsetzte Luft ganz und gar mit Wasserdampf gesättigt war. Der Blitz fiel während dieses Gewitters unter der Form des Kugelblitzes auf ein Haus der Rue de Lyon. Diese Thatsache wurde in gleicher Weise von allen Journalen erwähnt, und ich überzeugte mich durch eine Untersuchung von ihrer Richtigkeit. Unter andern Augenzeugen erklärte mir ein Schüler der Pharmacie, der im Erdgeschoß dieses Hauses sich befand, daß er in einigen Metern Entfernung und in demselben Augenblick zwei Feuerkugeln fallen sah, die einen derartigen Glanz hatten, daß er geblendet wurde, und die den Erdboden zu erreichen schienen."

---

[1] Planté, Die elektrischen Erscheinungen der Atmosphäre. Deutsche Ausgabe, S. 24.

Der Zusammenhang mit den Kugelblitzen wird auch in andern Fällen deutlich. So beobachte E. Renou[1]) in Sougé an der Braye (Mittel-Frankreich), „daß der Blitz auf die italienischen Pappeln fiel, die am Ufer der Braye 200 oder 250 m von dem Ort, wo ich mich befand, stehen. Der Blitz zeichnete eine verticale Lichtlinie, die aber ein wenig geknickt war und aus Kugeln bestand, die fast diese Linie tangirten, genau wie es bei einem Rosenkranze der Fall ist. Die Kugeln hatten eine außergewöhnliche Helligkeit und einen Durchmesser von circa 20 cm".

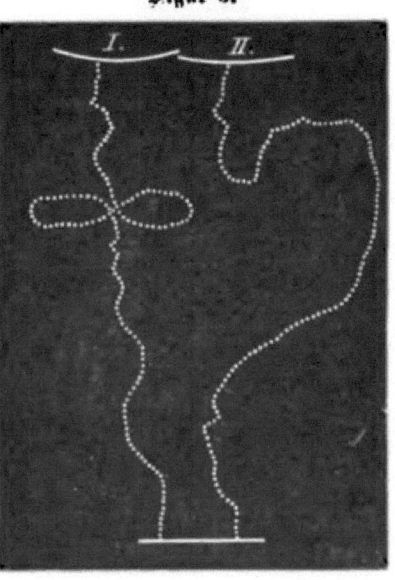

Figur 3.

Einen ebensolchen Blitz beobachtete B. Joule in Southport (England)[2]). Die oben erwähnte Bemerkung Planté's, daß die Perlschnur-Blitze in sich selbst zurückkehrende Curven bilden, wird auch von anderer Seite bestätigt. Die nebenstehende Figur 3 ist die Copie einer Zeichnung, welche Professor Endemann von zwei durch ihn in Celle am 25. August 1888 beobachteten Perlenschnur-Blitzen gemacht hat.[3])

Unter andern beobachtete Professor Fr. Jäger[4]) am 27. Juli 1892 einen „schleifenförmigen Blitz, welcher das Aussehen einer Perlenschnur hatte". Von weitern Mittheilungen, die über diese Blitze vorliegen, führe ich nur noch zwei an, weil sie von Fachgelehrten herstammen, von denen man nicht wohl annehmen kann, daß sie das Opfer einer optischen Täuschung geworden. Dr. F. Pockels[5]) beobachtete am 1. October 1892 in der Nähe von Göttingen nach einem ungewöhnlich heißen Tag, Abends 7 Uhr, ein von WSW heraufziehendes Gewitter.

„Die verhältnißmäßig zahlreichen Blitze waren größtentheils langgestreckte Entladungen innerhalb der Wolken, diejenigen, welche zur Erde fuhren, fielen mir gleich dadurch auf, daß ihre Bahn eine merkliche Zeit hindurch (ich taxire höchstens eine Secunde) mit an Intensität abnehmendem röthlichem Licht nachleuchtete. Etwa um acht Uhr, als die am stärksten elektrische Wolke ihren höchsten Stand in NW erreicht hatte, beobachtete ich in jener

[1]) E. Renou, Compt. rend. 83, S. 1002. 1876.
[2]) Planté l. c., S. 29.
[3]) Endemann, Meteorol. Zeitschr. 1885, S. 483. — [4]) J. Fr. Jäger, Meteorol. Zeitschr. 1892. S. 359. — [5]) Pockels, Meteorol. Zeitschr. 1893, S. 73.

Richtung zwei zur Erde gehende Blitze in geringer Entfernung, die aber immer noch 5 km betragen haben mochte. Bei diesen beiden gewahrte ich nun mit höchstem Erstaunen, daß das Nachleuchten der Blitzbahn nicht continuirlich längs derselben, sondern in einer Reihe discreter, in gleichen Intervallen aneinander gereihter Punkte stattfand, so daß der Anblick in der That ganz einer leuchtenden Perlenschnur vergleichbar war. — Die Zahl der leuchtenden Punkte war ziemlich groß, vielleicht 30 bis 40 auf der ganzen Bahn. — Sehr bald nach dieser Erscheinung begann an meinem Standpunkt heftiger Regen mit Schlossen gemischt."

Ebenso beobachtete Dr. L. Häpke am 5. September 1880, Abends 5½ Uhr, in Vegesack bei Bremen einen eigenthümlichen Zickzackblitz. Von dem etwa 3—4 km entfernten, lang ausgedehnten Blitz in anfänglich scharfer Zickzackform schien ein Raketensprühen auszugehen, wobei der Blitz, der eine etwas längere Dauer hatte als die andern, sich in einzelne rothe Kügelchen auflöste, die wie ein Meteor einen kurzen Schweif zeigten und dann erloschen.[4])

4. Donner.

Nachdem einmal nachgewiesen war, daß der Blitz nur ein elektrischer Funken im großen sei, stieß die Erklärung des Donners auf keine Schwierigkeiten mehr. Die Alten glaubten, daß derselbe vom Zusammenstoß der Gewitterwolken herrühre, und diese Meinung, der u. a. auch Descartes Ausdruck gibt, hielt sich bis zur Entdeckung Franklin's. Seit dieser Zeit natürlich lag es nahe, dem Donner dieselbe Ursache zuzuschreiben wie dem knatternden Geräusch, das der Funken einer Elektrisirmaschine oder einer Leydener Flasche hervorbringt. Auf dem ganzen Wege der elektrischen Entladung wird die Luft mit großer Heftigkeit auseinandergedrängt, sei es in Folge von mechanischer Einwirkung des elektrischen Funkens, sei es in Folge der Erwärmung der Luft oder der Verdampfung der in der Atmosphäre enthaltenen Wasserbläschen. Die zurückgedrängte atmosphärische Luft sucht sich wieder auszudehnen, stürzt in den entstandenen leeren Raum, und es bilden sich Luftwellen, ähnlich wie sie die rasche Bewegung einer Peitschenschnur oder die Explosion eines Sprengstoffes hervorruft, und diese Luftwellen nehmen wir als Schall wahr.

Ein Beobachter, in dessen Nähe ein Blitz zur Erde fährt, bemerkt auch nur einen starken Knall wie beim Abfeuern eines Geschützes, während entfernte Blitze ein lang andauerndes Rollen hervorrufen. Die Ursache dieser Erscheinung ist folgende: Die Blitzbahn ist sehr lang und in mannichfaltiger Weise verzweigt; da die elektrische Entladung fast keine Zeit beansprucht, der Schall aber nur 333 m in der Secunde zu-

---

[4]) Häpke, Meteor. Zeitschr. 1889, S. 227.

rücklegt, so dauert es im allgemeinen eine geraume Zeit, bis alle an den verschiedenen Punkten der Blitzbahn entstandenen Schallwellen das Ohr des Beobachters erreicht haben.

Diese Schallwellen werden nun an und für sich schon von verschiedener Stärke sein, sie werden auch unterwegs in verschiedener Weise geschwächt je nach der Dichte und dem Wassergehalt der von ihnen durchlaufenen Luftschichten; sie werden sich ferner auch in verschiedener Weise kreuzen, da aber, wo zwei Wellenthäler oder zwei Wellenberge zusammenkommen, entsteht eine Verstärkung, wo ein Wellenthal einen Wellenberg trifft, eine Schwächung des Tones, und die abwechselnde Verstärkung und Schwächung ruft den Eindruck des Rollens hervor. Wir können uns hiervon leicht überzeugen, wenn wir zwei nahezu gleich gestimmte Stimmgabeln gleichzeitig zum Tönen bringen: indem diese bald miteinander, bald einander entgegengesetzt schwingen, bewirken sie, daß sich die entstehenden Schallwellen bald verstärken, bald schwächen, die hierdurch hervorgerufene Erscheinung des periodischen Anschwellens und Abnehmens des Tones ist dem Musiker unter dem Namen der Schwebungen bekannt.

Wie jedes andere Geräusch, so wird auch der vom Blitz hervorgerufene Knall an passender Stelle ein Echo erzeugen, indem die Schallwellen an Wolken, Bergen, Waldrändern reflectirt werden. Besonders schön tritt diese Erscheinung in Hochgebirgsthälern auf.

Gleitet der Blitz auf der Wolke hin, so wird der Donner nur ein Rollen sein, das in Folge der Wirkung des Echo's sich mehrmals, aber dabei immer schwächer werdend, wiederholt. Springt der Blitz dagegen von der Wolke zur Erde nieder, so beginnt der Donner mit einem starken Knall, wie ihn das Abfeuern eines schweren Geschützes hervorruft, und es schließt sich als Wirkung des Echo's das Rollen an.

Ein Beobachter, in dessen Nähe der Blitz einschlägt, nimmt nur den Knall wahr.

Bei der unendlich kleinen Zeit, die das Licht braucht, um die hier in Betracht kommenden Entfernungen zurückzulegen, können wir die Entfernung eines Gewitters aus der zwischen der Wahrnehmung des Blitzes und des Donnes verstreichenden Zeit annähernd berechnen, wenn wir beachten, daß der Schall, wie oben bemerkt, $^1/_3$ km in der Secunde zurücklegt.

Auffallend ist, daß der Donner von Gewittern, die mehr als 25 km entfernt sind, nicht mehr wahrgenommen wird, während der Donner schwerer Geschütze noch auf die drei- bis vierfache Entfernung gehört wird. Selbst das Geräusch, das ein fahrender Eisenbahnzug hervorruft, kann, wenn die bezüglichen Angaben nicht auf Irrthum beruhen, den Donner übertönen, so daß die im Wagen sitzenden Reisenden von ganz nahe befindlichen Gewittern zwar den Blitz wahrnehmen, nicht aber den Donner hören.

5. Elmsfeuer.

Auf Kirchthürmen, Blitzableiterspitzen, Schiffsmasten kann man manchmal während eines Gewitters oder unmittelbar vor oder nach demselben kleine Flämmchen auftreten sehen, das sogenannte Elmsfeuer. Die Erscheinung gleicht vollkommen den S. 10 beschriebenen Lichtbüscheln, die an den Spitzen der Conductoren der Elektrisir-Maschinen auftreten. Die charakteristischen Unterschiede der positiven und negativen Büschel treten auch bei dem Elmsfeuer deutlich hervor, je nachdem positive oder negative Elektricität dem Boden entströmt. Gewöhnlich sind die Elmsfeuer von einem Knistern oder Zischen begleitet. Das Geräusch ist ähnlich dem, das man wahrnimmt, wenn man eine Leydener Flasche so stark ladet, daß die Elektricität rasch in die Luft entweicht.

Die meisten Elmsfeuer zeigen sich während Gewittern; Schnee- und Hagelschauer, verbunden mit starken Winden, scheinen ihrer Entwickelung besonders günstig zu sein.

Wie die Büschel-Entladungen vor allem an den Spitzen der elektrischen Apparate auftreten, so entstehen auch die Elmsfeuer in erster Linie an spitzigen hervorragenden Gegenständen, wie ich sie oben aufgeführt habe, mitunter kann auch der menschliche Körper als eine solche Spitze dienen. So berichtet der Forstmeister M. Hladik aus Gottschee (Krain) am 1. März 1889 an die Meteorologische Zeitschrift: „Als ich gestern in der siebenten Abendstunde mit einem Herrn von einem Spaziergang heimkehrend, ca. 1 km von Gottschee mich befand, beobachtete ich trotz des herrschenden wässerigen Schneefalls eine Art Leuchten des Bartes, und in der Meinung, es rühre dies Leuchten von den anhängenden Wassertropfen her, befragte ich meinen Begleiter, welcher dieselbe Beobachtung machte. Bald darauf sah ich auf meinem mit einer Stahlspitze versehenen Stock, daß derselbe, aus dem Schnee gezogen, leuchtete; ich erhob den Stock, und wir sahen zu unserm Erstaunen an der Stahlspitze ein büschelförmiges elektrisches Leuchten, das zischend anhielt; ich berührte das Lichtbüschel, worauf es verschwand, um doch gleich, sobald ich den Stock durch die Luft schwang, wieder zu erscheinen und zischend zu leuchten. In unserer Betrachtung störte uns ein kräftiger, lang anhaltender Blitz, so daß wir für einige Augenblicke ganz blind waren. Wir gingen dann weiter, und die beobachtete Erscheinung discutirend, bemerkte ich noch einige Male während des Gehens ein Aufleuchten der

Stahlspitze meines Stockes, das doch nicht mehr so intensiv war, und endlich, als wir gegen Gottschee kamen, ganz verschwand, auch der schneeartige Regen ließ dort nach. In der Nacht und den folgenden Tag schneite es constant" [1]).

Am häufigsten und schönsten werden die Elmsfeuer im Hochgebirge beobachtet. Ihre Entstehung wird hier durch zwei Umstände befördert. Erstens wirken die Berge, besonders solche, die, wie der Schafberg im Salzkammergut, der Sonnblick in den Tauern, der Säntis im Appenzell, ziemlich isolirt aus ihrer Umgebung hervorragen, der Erde gegenüber selbst als Spitzen; zweitens erleichtert auch der verminderte Luftdruck die Ausbildung von Elmsfeuer. Wie Elster und Geitel nachgewiesen haben, verlängert sich die Büschelentladung eines Inductoriums bedeutend, wenn der Luftdruck im Entladungsgefäß von dem bei uns herrschenden Atmosphärendruck auf 520 mm (mittlerer Barometerstand auf dem Sonnblick) vermindert wird.

Eifrige Bergsteiger können öfters, nicht gerade zu ihrer freudigen Ueberraschung, wenn sie in eine Gewitterwolke oder ein Schneegestöber gerathen, ein eigenthümliches Sausen und Zischen an den eisenbeschlagenen Bergstöcken oder Eisgabeln wahrnehmen. Es rührt dieses Geräusch vom Ausströmen der Elektricität aus den genannten Gegenständen her, und es ist rathsam, sie in diesem Falle aus der Hand zu legen und sich selbst zu setzen, denn häufig folgen Blitzschläge. (Vergl. die obige Schilderung.) Daß das Sausen und Zischen nicht immer mit einer Lichterscheinung verknüpft ist, rührt davon her, daß die Helligkeit des Elmsfeuers in den meisten Fällen gegenüber der Tageshelle verschwindet; in der Nacht dagegen oder bei stark verfinstertem Himmel ist das Leuchten deutlich wahrnehmbar. So beobachtete Dr. F. Mittermaier aus Heidelberg auf dem Köbnitzkees des Großglockners Morgens 3 Uhr 30 während eines Hagelwetters, daß die auf den Huträndern liegenden Hagelkörner, die Federn und Blumen auf den Hüten zu leuchten begannen. Die Köpfe waren zeitweilig wie von einem Strahlenkranz umgeben, auf den Spitzen der Alpstöcke spielten 3 bis 6 cm lange, stark leuchtende, bläulich-weiße Flämmchen.

Eine interessante Beschreibung hierher gehörender Erscheinungen gibt Herr Walter Larden in der Zeitschrift „Nature". Ich gebe seinen Bericht nach der Meteorologischen Zeitschrift [2]) hier wieder. „Am 10. Juli war ich auf dem Matterhorn bei ziemlich zweifelhaftem Wetter. Wolken und Nebel stiegen von Italien her empor und bedeckten allmälig die Berge rings um das Matterhorn. Wir hatten mitunter etwas Schnee,

---

[1]) Meteorol. Zeitschrift 1889 S. 155. — [2]) Meteorol. Zeitschrift 1894 S. 22.

noch vor Mittag und während des Abstieges schneite es ganz gemüthlich. Es mochte wohl ½4 oder vielleicht auch 4 Uhr Nachmittags gewesen sein, da begann das Singen der Eispickel, der Felsen usw., und zuweilen blitzte es auch.

„Plötzlich schlug ein Blitz, augenscheinlich nicht weit von uns, ein, denn der Donner folgte fast momentan mit einem lauten Krach. Vor dem Donner und gleichzeitig mit dem Blitz vernahm man ein Krachen, einen Ton, als ob etwas gespalten oder gebrochen würde und dabei hörte man einen Patsch auf den Felsen. Das Geräusch ist schwer zu beschreiben und ein richtiges Wort dafür kann zu finden. Dieses Geräusch ging dem Donner voraus, es war scharf und doch auch wieder schwach. Ich denke, daß ich allein es hörte, weil ich an der betreffenden Stelle stand.

„Später kam ein anderer Blitz. Hierbei hörte ich keinen Patsch an den Felsen; aber augenscheinlich mit dem Blitz und vor dem Donnerschlag kam ein leises, knisterndes und krachendes Geräusch, man möchte fast sagen: der Geist eines Donners. Es erinnert mich an das Geräusch, das man beim Neuschnee hört, wenn eine leichte Kruste darüber liegt und der Fuß einbricht. Dies Mal verspürte ich eine leichte Erschütterung im Kopfe. Ein dritter Blitz gab denselben Ton wie der zweite; aber keiner der andern erschien so deutlich, und das Geräusch hörte ich nicht weiter. Es war schon dunkel, als wir die untere Hütte erreichten und das Elmsfeuer, das von unsern Fingern, wenn wir dieselben emporhielten, von den Pickeln, Hüten, Haaren usw. ausströmte, war ganz prachtvoll. Zahlreiche Flämmchen saßen auch auf den Felsspitzen auf, die von dem schmelzenden Schnee ganz naß waren.

„Andere Leute, die an demselben Tage auf dem Gorner Grat waren, erzählten mir, ehe ich ihnen noch meine Erfahrung mitgetheilt hatte, daß das Blitzen mit einem patschenden Geräusch an dem Felsen verbunden war. Sie sagten auch, daß jene, welche Filzhüte trugen, Erschütterungen verspürten, dagegen jene, welche Strohhüte hatten, nicht. Alle Hüte waren aber naß.“

Während es doch nur als Zufall betrachtet werden muß, wenn Touristen unterwegs in die Lage kommen, Elmsfeuer-Beobachtungen zu machen, da solche bei heranziehenden Gewittern von Bergbesteigungen lieber absehen, bieten die auf einzelnen Aussichtsgipfeln liegenden Gasthöfe häufiger Gelegenheit, das Elmsfeuer kennen zu lernen. So beschreibt Prohaska[1] eine Reihe hierher gehöriger Erscheinungen nach Aufzeichnungen, die der Besitzer des auf der Spitze des Schafberg gelegenen

---

[1] Meteorologische Zeitschrift 1893 S. 222.

Hotels und gleichzeitig Beobachter der mit diesem verbundenen meteorologischen Station machte. Sehr häufig zeigt sich dort das Elmsfeuer am Flaggenstock vor dem Hotel, an seiner Spitze erscheint eine kleine blaßblaue birnförmige Flamme, sie entsteht immer, wenn die elektrische Spannung eine gewisse Größe erreicht hat, also einige Zeit nach einem vorausgegangenen Blitz, hält sich ruhig, bis ein zweiter nachfolgt und die elektrische Spannung zwischen Erde und Wolke ausgleicht, verschwindet dann auf kurze Zeit, um bei zunehmender Spannung wieder zu erscheinen. Dieses Spiel wiederholt sich fort, bis das Gewitter sich entfernt. Die Größe des Lichtes entspricht einer kleinen Lampenflamme. Im wesentlichen dasselbe beobachtet man an der Spitze des Blitzableiters und an andern hervorragenden Theilen des Gebäudes. Während eines stärkern Gewitters beobachtet man auch an den Fingerspitzen der aufgehobenen Hand oder an der Nase kleine bläuliche Flämmchen, alle in der Größe einer sehr kleinen Erbse. Es kommt auch vor, daß die Kopfhaare empor gehoben werden und zwar alle vertical, während die Barthaare waagerecht abstehen. (Diese Erscheinung stellt sich bekanntlich auch ein, wenn man, auf einem Isolirschemel stehend, den Conductor einer Elektrisir-Maschine berührt.) Dabei fühlt man ein starkes, unangenehmes Prickeln und eine Erwärmung im Körper. Das großartigste an Elmsfeuern zeigte sich aber im Innern des Hauses selbst und zwar im Juni 1865 am Dreifaltigkeits-Sonntage. Samstags-Abends nahm ein Gewitter seinen Anfang und endete erst Sonntag um 2 Uhr Nachmittags. Um 9 Uhr Morgens war es besonders heftig, vier Mal nacheinander schlug der Blitz neben dem Hotel in den Berg, der fünfte Schlag traf ½ 10 Uhr Vormittags den ersten Stock des Hauses. In diesem Augenblick entstanden an der Stiege, welche in den ersten Stock führt, in Zwischenräumen von je einer Secunde, Elmsfeuer in der Höhe von 2 m, nach unten spitz zulaufend, der kegelförmige Theil hatte eine Länge von 60 cm. Diese furchtbar-schönen Flammen waren im untersten Viertel grell weiß, weiter oben gelblich, dann gelblich-grün, lichtblau, bis sie sich nächst dem Plafond ohne sichtbare Grenze in's Dunkelblaue verloren. Ebenso gab es im hintern Theil der Flur, dort, wo das Gebäude unmittelbar an den Felsen angebaut ist, Elmsfeuer von gleicher Größe und Intensität wie unten, aber zahllos bis 2 Uhr Nachmittags, während es noch zwei Mal in das Gebäude und sehr oft um dasselbe einschlug. Ein Hund, welcher zufälliger Weise beim Aufsteigen einer dieser Flammen mitten durch dieselbe hindurch rannte, wurde nicht im mindesten beschädigt, obwohl er vor Schrecken einen Schrei ausstieß. Es zeigte sich kein Haar verletzt, auch nachträglich befand er sich ganz wohl, verkroch sich jedoch ängstlich bei jedem nachfolgenden Gewitter.

Diese großen Feuer stiegen blitzartig auf, blieben 1 bis 2 Secunden ruhig stehen, ohne an Intensität der Farbe zu verlieren, und verschwanden auch blitzartig. Auf dem 3000 m hohen Sonnblick, der wegen seiner isolirten Lage hierfür besonders geeignet ist, ist wie auf dem Schafberg eine meteorologische Station eingerichtet, auf der ebenfalls häufig Elmsfeuer beobachtet werden. A. v. Obermayer beschreibt eine solche Erscheinung ausführlich in der Zeitschrift des Deutsch-Oesterreichischen AlpenVereins 1889. Danach leuchtete der Blitzableiter seiner ganzen Ausdehnung nach in einem weißlichen Licht, ebenso der Schornstein, die sämmtlichen Kanten und vorspringenden Ecken des Gebäudes, stellenweise selbst die Steinkante der auf der Nordseite steil abfallenden Felswand. Auch an den Barthaaren der im Freien sich aufhaltenden Beobachter erschienen feine Lichtpunkte, und an den Spitzen der ausgespreizten Finger bildeten sich Lichtbüschel von weiß-violetter Farbe und ungefähr 3 cm Länge der Strahlen. Auf Veranlassung der Herren Elster und Geitel wurden auf dem Sonnblick in der Zeit vom 20. Juli 1890 bis 30. Juni 1892 systematische Elmsfeuer-Beobachtungen vorgenommen unter gleichzeitiger Aufzeichnung der übrigen meteorologischen Elemente. Während des genannten Zeitraumes wurden an 35 Tagen Elmsfeuer wahrgenommen, in vielen Fällen dauerten sie stundenlang (bis zu acht Stunden) an. Aus den Beobachtungen ziehen die genannten Forscher folgende Schlüsse [1].

„Wenn auch Elmsfeuer als eine ständige Begleiterscheinung der Gewitter aufzutreten pflegen, so sind sie doch keineswegs an diese gebunden, selbst im Winter bei schwachem Staubschneefall und völliger Abwesenheit von Blitzentladungen wurde mehrfach lang andauerndes Elmsfeuer beobachtet, dagegen trifft die Erscheinung von Elmsfeuern fast durchweg mit dem Fall von Niederschlägen in irgend einer Form zusammen. Die ausströmende Electricität, welche das Elmsfeuer veranlaßt, ändert im Lauf der Erscheinung öfters ihr Zeichen, besonders bei gleichzeitigem Gewitter. Im allgemeinen gilt die Regel, daß das Elmsfeuer positiv ist während des Falls von großflockigem Schnee, negativ bei Staubschnee. Für Graupeln, Hagel und Regen ist ein unzweideutiger Unterschied nicht zu erkennen."

Nach Beobachtungen auf dem Ben-Nevis in Schottland sinken vor dem Auftreten der Elmsfeuer Temperatur und Luftdruck unter den normalen Stand, der letztere aber steigt gleich wieder nach dem Verschwinden des Elmsfeuers.

Großartig scheinen die Elmsfeuer-Erscheinungen in den nordamericanischen Anden zu sein. Aus den Bergen von Colorado gibt G. H.

---

[1] Elster und Geitel, Wiener Ber. 101 Abth. II a, 1893.

Stone [1]) folgende Schilderung: Das eigenthümliche zischende und krachende Geräusch, das Emporsteigen der Haare sind in diesen Bergen etwas ganz Gewöhnliches. Die Bergleute in den hoch gelegenen Gruben (3300 m) leben mitten in diesen elektrischen Erscheinungen und finden vielfach ihr Vergnügen daran, besonders wenn bei Touristinnen das lange Haar empor steigt und ihnen den Kopfschmuck von Furien verleiht. Das Geräusch wird häufig in Höhen von ca. 2000 m gehört, aber weit vernehmlicher ist dasselbe in größern Höhen, wo es manchmal geradezu schrecklich wird. Gewöhnlich gehen diese Geräusche unmittelbar den Blitzschlägen voraus, im allgemeinen sind sie aber ungefährlich. G. H. Stone hat sie vielfach fast ununterbrochen beobachtet, während über ihm von Wolke zu Wolke die Blitze übersprangen. Diese elektrischen Erscheinungen treten, was mit den Beobachtungen am Sonnblick übereinstimmt, nur beim Fallen von Niederschlägen auf. In dunkeler Nacht kann man oft eine ganze Viehheerde in ihrem eigenen Licht leuchten sehen.

H. Böhmer, der bei dem Bau des Observatoriums auf dem Pikes Peak als Ingenieur beschäftigt war, erzählt von einem Bivouac auf dem Gipfel dieses Berges Folgendes [2]):

„Ein ziemlich heftiger Sturmwind stellte sich im Laufe der Nacht ein, von leichtem Schnee begleitet, in dem sich ein lautes Knistern und Knastern bemerkbar machte; ich selbst verspürte im ganzen Körper ein Gefühl, als ob Tausende von Nadeln durch meine Haut drängen, mein Haar und Bart wurden elektrisch, und auf den von mir mitgebrachten metallischen Gegenständen zeigten sich violette Funken von etwa 1 cm Durchmesser und 6 cm Länge, die wie Irrlichter hin und her tanzten. Das Knistern im Schnee verwandelte sich in ein eigenthümlich singendes Geräusch, welches mit dem vermehrten oder verminderten Schneefall in directer Beziehung zu stehen schien. Mit dem Aufhören des Schneefalls hörten auch die Erscheinungen auf. Im Verlauf der Arbeiten am Observatorium traten ähnliche Erscheinungen öfters auf. Waren mehrere Personen oben, so sprangen bei gegenseitiger Annäherung Funken von einer Person auf die andere; einen eigenthümlichen Anblick gewährten die divergirenden Schweifhaare der Pferde. Der Betrieb der auf den Gipfel führenden Telegraphen-Leitung wurde durch die elektrische Ausströmung häufig gestört, auch wiederholt die Leitung beschädigt." Von den zahlreichen Beobachtungen, die Böhmer anführt, will ich hier nur eine wiedergeben. In der Nacht trat Schneefall auf, „Singen" und Elmsfeuer. Zweihundert Meter lang erschien die Telegraphen-Leitung als ein glänzender Streifen, aus dem Funken sprangen. In der

[1]) Meteorol. Zeitschrift 1893 S. 303.
[2]) H. Böhmer, Wiener Ber. Bd. 97. Abth. IIa, 1898 S. 635.

Nähe beobachtet, erschienen diese Flämmchen in quadratischer Form, und die Strahlen concentrirten sich an der Oberfläche der Leitung in kleinern Büscheln von der Größe einer Korinthe in bläulichem Licht. Die kleinen Flämmchen sprangen bald nach dieser, bald nach jener Richtung, bei Berührung der Leitung war ein leises Kitzeln fühlbar. Auf dieselbe Weise war jeder metallische Gegenstand auf dem Gipfel erleuchtet. Von allen Beobachtern wurde die Büschelnatur der jeweiligen Ausströmungen constatirt. Wiederholt schlug während des Auftretens von Elmsfeuer der Blitz, manchmal in Form von Kugelblitzen, in das Observatorium.

Wie in jeder außergewöhnlichen Naturerscheinung sah man im Alterthum auch im Elmsfeuer ein Zeichen, das die Götter den Menschen sandten. Ein vereinzeltes Elmsfeuer galt unter dem Namen „Stern der Helena" als ein ungünstiges Vorzeichen, mehrere dagegen, nach dem Dioskurenpaar Kastor und Pollux benannt, als ein günstiges. Selbst im Mittelalter bestand dieser Glaube noch. Columbus z. B. hob während eines heftigen Gewitters den gesunkenen Muth seiner Matrosen durch den Hinweis auf Elmsfeuer, die sich auf den Masten seines Schiffes zeigten.

Den Zusammenhang zwischen Elmsfeuer und Gewitter scheint man gekannt zu haben, ehe man über die Natur des letztern vollständig im Klaren war. Giovanni Bianchini[1]) erzählt, daß auf einer der Bastionen des Schlosses von Duino in Friaul seit undenklichen Zeiten eine Lanze aufgerichtet war, welche herannahende Gewitter anzeigen sollte. Der Soldat der Wache näherte von Zeit zu Zeit der Lanze die Spitze seiner Hellebarde, und wenn aus der erstern Funken heraussprangen, läutete er eine Glocke, um die Arbeiter auf dem Felde und die Fischer von dem drohenden Unwetter zu benachrichtigen.

6. Wirkungen des Blitzschlages.

Die Wirkungen des Blitzschlages sind mutatis mutandis dieselben, wie die des elektrischen Funkens, also mechanische: Isolatoren, welche in der Bahn des Blitzes liegen, werden zertrümmert, ferner thermische: Leiter können bis zur Schmelztemperatur erwärmt werden, des weitern chemische und physiologische. Außerdem kann ein zur Erde fahrender Blitz in einem seiner Bahn nahe gelegenen Leiter einen elektrischen Strom induciren. Von einigen Wirkungen des Blitzes war schon oben die Rede.

---

[1]) Mémoires de l'Acad. d. Sciences 1764 pag. 408.

Es wurde darauf hingewiesen, daß der Blitz das in der Luft in dampfförmigem Zustand vorhandene Wasser zersetzt und den so entstandenen
Wasserstoff sowie den Stickstoff der Atmosphäre zum Leuchten bringt,
ebenso wurde bereits auf die Ozonisirung der Luft durch Blitzschläge
hingewiesen. Wir wollen uns im Folgenden nur noch mit einigen
Wirkungen des Blitzes befassen, die ein besonderes, theilweise praktisches
Interesse bieten.

Von einer systematischen Behandlung und Trennung, etwa der
mechanischen von den Wärmewirkungen wird in der folgenden Darstellung schon aus dem Grunde abgesehen, weil ein Blitzschlag an ein
und demselben Object die verschiedenartigsten Wirkungen hervorbringen
kann. Ein schlecht functionirender Blitzableiter z. B. kann theils geschmolzen, theils zertrümmert werden; trifft der Blitz einen Menschen,
so treten zu der Wirkung auf die Nerven (Betäubung) noch Brandwunden und andere äußere Verletzungen hinzu. Es wird sich deshalb
empfehlen, eine Eintheilung nach den Objecten vorzunehmen, die vom
Blitz vorzugsweise getroffen werden.

Wie bekannt, sind Gegenstände, die über ihre Umgebung hervorragen, Blitzschlägen am stärksten ausgesetzt, direct in den Erdboden pflegt
der Blitz in der Ebene selten einzuschlagen. Im Hochgebirge dagegen,
wo von Gebäuden, Bäumen usw. keine Rede mehr ist, wird es häufig
vorkommen, daß der Blitz direct in die Felsen hervorragender Berg-
spitzen einschlägt. Bergsteigern sind die Spuren solcher Blitzschläge:
eigenthümliche Verglasungen des Gesteins, durch theilweises Schmelzen
abgerundete Kanten an hervorragenden Steinen, wohlbekannt. Die
viel besuchte Zugspitze z. B. weist genug solcher Blitzspuren auf, am
Mont Blanc wurden solche schon von Saussure entdeckt. Derartige
Blitzspuren sind um so auffälliger, je leichter schmelzbar das Gestein ist.
Besonders auffällig scheinen sie im kleinen Ararat zu sein, wo sie Hum-
boldt zuerst fand. In neuerer Zeit beschreibt Aloch die Erscheinung in diesen
Bergen folgendermaßen:

Bei der Besteigung des Berges von der weniger schwierigen Nordwestseite bemerkte ich
am obern Abhange an emporragenden Stellen des bräunlichen Gesteins mitunter dunkle
Streifen, wie sie etwa das Abstreifen brennender Pechfackeln bei nächtlicher Besteigung des
Vesuvkegels auf den schlackigen Trümmermassen hervorbringt. Die verglaste Beschaffenheit
dieser dunkeln Stellen macht sogleich die Wirkungen des Blitzes kenntlich, dessen Verlauf
jedes Mal eine mit dunkelgrüner Glasschlacke ausgekleidete, enge Röhre vom Durchmesser
dicker Federspulen anzeigte. Der ein Mal auf das Phänomen gerichteten Aufmerksamkeit
entging die Zunahme desselben mit der Annäherung an den Gipfel nicht. Auf diesem
drängen sich die wurmförmigen Aushöhlungen mit geflossenen, oft halbgetropften Rändern
auf das engste zusammen, sie durchsetzen sich dergestalt, daß an die Stelle eines compacten
Gesteins ein löcheriges, unvollkommenes Schmelzproduct getreten ist. Es gelang nicht, die
Grenze festzustellen, bis zu welcher die Blitzröhren in die Felsmassen eingedrungen sind.

Wo der Blitz in Sandboden einschlägt, schmilzt er die Quarzkörner zu Röhren von oft mehrern Meter Länge, Blitzröhren oder Fulgurite genannt. Sie verlaufen in der Hauptsache vertical, trennen oder verzweigen sich aber auch, besonders gegen das Ende zu. Man kann dieselben vorsichtig aus dem Boden herausgraben, sie erscheinen innen glasirt, außen dagegen körnig. Zum gleichen Resultat wie die äußerliche Betrachtung der Blitzröhren führt auch die mikroskopische Untersuchung [1]. Sie ergibt, daß die Substanz im wesentlichen aus einem farblosen Glas besteht, welches reichlich mit Dampfporen durchsetzt ist, dazwischen finden sich unveränderte Quarzkörner, ihre Zahl nimmt von innen nach außen zu, vielfach sind sie an ihrer nach innen gerichteten Seite angegriffen, ihr Anblick erweckt den Anschein, als ob die vom Blitz entwickelte Wärme nicht mehr vollständig hingereicht hätte, um auch diese Körner zu schmelzen.

Der Durchmesser des Hohlraumes einer Blitzröhre übersteigt selten 2 cm, beträgt meistens sogar nur einige Millimeter, oft sogar noch weniger. Die Dicke der Wandung beträgt ebenfalls einige Millimeter.

Blitzröhren wurden zuerst beobachtet von Pfarrer Hermann zu Mossel in Schlesien 1711. 1805 entdeckte der praktische Arzt Hentzen solche in der Senner Heide bei Paderborn. Ihre wahre Natur konnte Professor Hagen aus Königsberg feststellen, als er 1825 eine noch warme Blitzröhre an einer Stelle entdeckte, wo unmittelbar vorher der Blitz eingeschlagen hatte. In derselben Lage war bald darauf der vorhin genannte Doctor Hentzen und in neuerer Zeit verschiedene andere Personen. Vorher glaubte man in diesen eigenthümlichen Gebilden kristallinische Ausscheidungen von Pflanzenwurzeln sehen zu sollen. Französischen Forschern ist es gelungen, Blitzröhren künstlich herzustellen, indem sie die Entladung von mächtigen Leydener Flaschen-Batterieen durch ein Gemisch von Sand, zerstoßenem Glas und Kochsalz hindurch gehen ließen. Der Zusatz von Kochsalz sollte das Gemenge besser leitend machen.

Häufig sind Fulgurite gerade nicht gefunden worden, es müssen eben schon günstige äußere Bedingungen für einen Fund vorliegen. Auf einer Sandfläche bei Starczinow in Polen wurden auf einem Raum von drei Viertel Magdeburger Morgen 26 Blitzröhren gezählt.

Nach einer Statistik von Hellmann [2] scheint wasserreicher Boden Blitzschlägen in höherm Grade ausgesetzt zu sein als wasserarmer. Auf

---

[1] Wichmann: Ueber Fulgurite, Zeitschrift der deutschen geologischen Gesellschaft 35. S. 849. 1883.

[2] Hellmann, Veröffentlichungen des königl. preußischen statistischen Bureau's 1886. Seite 177.

eine Fläche Lehmboden treffen 22 Mal so viel Blitzschläge als auf dieselbe Fläche des bekanntlich sehr wasserarmen Kalkbodens.

In Uebereinstimmung mit dem Gesetz, wonach die elektrischen Entladungen vorwiegend zwischen Spitzen übergehen, sind vor allem Bäume das Ziel der Blitzentladungen. Es können dieselben als natürliche Blitzableiter aufgefaßt werden, und Gebäude, die von benachbarten Bäumen überragt werden, können im allgemeinen eines weitern Blitzschutzes wohl entbehren.

Daß der Blitz einzelne Bäume bevorzugt, ist schon längst bekannt, so werden Pappeln schon wegen ihrer Höhe gern getroffen. Wie vorauszusehen war, spielt bei der Beurtheilung der für eine gewisse Baumart vorhandenen Blitzgefahr die Leitfähigkeit des Holzes eine große Rolle. Diese hängt ihrerseits in der Hauptsache von dem Gehalt des Holzes an fetten Oelen und nicht, wie vielfach angenommen wird, von dem Saftreichthum ab. Je größer der Gehalt an fettem Oel, desto größer ist auch der Widerstand, den das Holz dem Durchgang des elektrischen Funkens entgegengesetzt [1]).

Nach achtjährigen Aufzeichnungen in den fürstlich lippe'schen Forsten ist die Wahrscheinlichkeit, vom Blitz getroffen zu werden, für eine Fichte 5 Mal, für eine Kiefer 33 Mal und für eine Eiche 48 Mal größer als für eine Buche. Das Holz des letztern Baumes ist wegen seines Oelgehaltes ein viel schlechterer Leiter als das der andern Bäume. Daß während Wintergewittern der Blitz verhältnißmäßig selten in Bäume einschlägt, erklärt sich vielleicht durch die in dieser Jahreszeit verminderte Leitfähigkeit des Holzes. Der Gehalt an Oel ist nämlich im Winter viel größer als im Sommer. Ein Einfluß des Standortes der Bäume auf die Gefahr, vom Blitz getroffen zu werden, ist aus den Beobachtungen in den lippe'schen Forsten nicht zu erkennen, nach in Frankreich gemachten Aufzeichnungen scheint es aber, daß im Wasser stehende Bäume vorzugsweise vom Blitze getroffen werden.

Es ist bekannt, daß in den meisten Fällen der Blitz direct in den Stamm und seltener in die Krone einschlägt. Man erklärte diese Thatsache früher durch die Annahme, der Blitz gleite an der durch den Regen gut leitend gemachten Oberfläche der Blätter herab, ohne Spuren zu hinterlassen, während dies dort geschehe, wo er auf schlechtere Leiter treffe. Nach den Beobachtungen in den lippe'schen Forsten schlägt der Blitz indessen auch dann direct in den Stamm ein, wenn kein Regen vorhergegangen ist. Jonesko hat ferner nachgewiesen, daß selbst schwache

[1]) D. Jonesko, Ueber die Ursache der Blitzschläge in Bäumen. S. A. aus Jahresbericht des Vereins für vaterländische Naturkunde in Würtemberg. 1892.

Funken an benetzten Blättern Verletzungen hervorgerufen, man wird also im Gegentheil annehmen müssen, daß der Stamm ein besserer Leiter ist als die Blattmasse. Die am häufigsten beobachtete Form der Verletzung eines Baumes ist die, daß der Blitz eine spiralförmig verlaufende tiefe Furche in das Splintholz reißt, dabei die Rinde in weitem Umfange absprengend. Dieselben spiralförmigen Furchen nimmt man auch an vom Blitz getroffenen Flaggen= und Telegraphenstangen wahr. Die Spiralform der Verletzungen rührt wohl daher, daß die Holzfasern selbst in Folge des Breitrebens, sich dem Lichte zuzukrümmen, schrauben= förmig gedreht sind.

Der Blitzstrahl wird auch im Holz im allgemeinen den Weg ein= schlagen, auf dem er den geringsten Widerstand trifft. Er folgt also den Holzfasern, theilt sich auch an der Austrittsstelle eines Astes, um sich gleich darauf wieder in eine Furche zu vereinigen. Bieten sich dem Blitzstrahl mehrere Wege von gleichem Widerstand, so wird er sich theilen; daher ist die Blitzbahn nicht immer eine Linie, sondern öfters auch eine cylindrische Fläche.

Durch die verschiedene Leitungsfähigkeit wird auch die Verschieden= heit der Wirkungen bedingt, die der Blitz auf die einzelnen Baumarten ausübt. Pappeln und Ulmen werden gewöhnlich ihrer Länge nach ent= rindet, Eichen gespalten, Tannen vollständig zertrümmert. Ursache dieser heftigen mechanischen Wirkung sind bei letzterm Baum die in das Holz eingelagerten, schlecht leitenden Harzschichten. Die mechanische Gewalt, mit der ein Baum auseinandergerissen wird, ist eine außerordentlich große. Schwere Aeste können mehrere Meter weit weggeschleudert werden, der Boden erscheint in weitem Umkreis ganz bedeckt mit sonder= bar zerzausten und zersetzten Splittern. Von den vielen Fällen der= artiger heftiger Blitzschläge, die sich in der Litteratur verzeichnet finden, will ich hier nur einen anführen, der von zuverlässigen Beobachtern eingehend untersucht wurde[1].

Am 7. April 1887 zerschmetterte der Blitz eine große Pappel im Dorf Schoren (Canton Bern). Der getroffene Baum besaß eine Dicke von 0,9 m, 20 m Höhe und stand allein auf einem Platz in der Mitte des Dorfes, während die nächsten, einzelstehenden Häuser 20 m entfernt waren. Ein einziges kleines Haus stand nur 6 m vom Baume entfernt, dazwischen floß ein Bach, 1 m von der Pappel. Nur ein Drittel des Baumes blieb am Platz, halb entwurzelt und gegen das Haus gelehnt. Der Rest wurde auseinandergeschleudert; in einer Entfernung von 10 bis 30 m schlugen Aststücke Dächer, Fenster, Bretterwände, Stallthüren

[1] Meteorologische Zeitschrift 1887. S. 203.

durch. Ein Stück von mehr als 50 kg Gewicht wurde in einer Entfernung von 150 m gefunden, andere in einer Entfernung von 150 bis
300 m. Ein großer Theil des Baumes wurde in Millionen kleine
Fragmente zersprengt, welche den Boden und die Dächer in weitem Umkreis bedeckten. Spuren von Verkohlung waren nicht sichtbar. Fensterscheiben barsten auf eine Entfernung von 700 m. Regen trat erst unmittelbar nach dem Blitzschlag ein.

Man nimmt vielfach an, daß das im Cambium enthaltene Wasser
in Folge der Wärmewirkung des Blitzes verdampft, und der sich so
plötzlich entwickelnde Dampf die Rinde sprengt. Im Gegensatz hierzu
glaubt Colladon, daß das Abspringen der Rinde ebenfalls eine directe
mechanische Wirkung des Blitzes sei und nur zum kleinsten Theil auf
Rechnung des sich entwickelnden Dampfes gesetzt werden könnte. Colladon
beruft sich zum Beweis für seine Behauptung auf folgenden merkwürdigen Fall. Am 9. Januar 1887 traf in Fécamp der Blitz einen
30 m hohen Schornstein. Derselbe wurde zu drei Viertel zerstört, das
Material wurde dabei theilweise auf große Strecken, bis zu 400 m,
fortgeschleudert, theilweise in kleine, erbsengroße Brocken zersprengt,
welche den Boden weithin bedeckten. Die Aehnlichkeit mit der Wirkung
des Blitzes auf Bäume springt in die Augen. Von verdampfendem
Wasser kann bei dem stark geheizten Schornstein keine Rede sein.

Selten kommt es vor, daß vom Blitz getroffene Bäume verkohlen
oder in Flammen aufgehen. Gesunde, vom Blitz getroffene Stämme
zeigen keine Spuren von Verkohlung, nur abgestorbene Theile können
Feuer fangen.

Auch Gebäude können in Folge der mechanischen Wirkung des
Blitzes förmlich zertrümmert werden. Horn führt in den „Beobachtungen
der meteorologischen Stationen im Königreich Baiern" folgenden merkwürdigen Fall an. Bei Rosenheim in Baiern schlug der Blitz in ein
ungefähr 1 km von der Stadt entferntes, zweistöckiges, vereinzelt stehendes
Gebäude. Der Strahl fuhr zunächst in die Windfahne, schmolz dieselbe,
sprang von da auf den Kamin und vertheilte sich dann auf vielen Wegen
durch das ganze Haus. Die Giebelmauern wurden zerrissen, große
Theile der aus Cementplatten bestehenden Dachung in tausend kleine
Stücke zertrümmert. Die Dachsparren wurden aus ihren Lagen gehoben, die geweißten Decken zweier Dachkammern an vielen Stellen
durchlöchert, in der einen Kammer zur Hälfte herabgeworfen. Die
Löcher hatten 2 bis 4 cm Durchmesser, und die Umgebung derselben
erschien meistens wie mit Rauch geschwärzt. Von der Decke der einen
Kammer scheint ein Zweig dem Fenster entlang gegangen zu sein, indem
der Fenstersturz durchlöchert, das Fensterkreuz hinausgeworfen und unter-

halb des Fensters bis zum Fußboden ein Loch in die Mauern gebohrt war. Die Weißdecken der unterhalb des Dachraumes gelegenen Zimmer wurden ebenfalls an vielen Stellen durchlöchert, während die tiefer liegenden Theile des Gebäudes verschont blieben, da der Blitz seinen Weg dem blechernen Abfallrohr entlang genommen zu haben scheint, welches auch stellenweise durchlöchert wurde. Die Thüre einer der Dachkammern wurde vollständig zertrümmert.

Im allgemeinen werden mechanische Wirkungen wie die eben beschriebenen durch schnelle, Zündungen dagegen durch langsame Entladungen bewirkt. Auf die theoretische Begründung dieses Satzes will ich hier nicht eingehen, sondern nur darauf hinweisen, daß derselbe auch durch Versuche mit einer gewöhnlichen Elektrisir-Maschine sich leicht bestätigen läßt. Man kann mit einem starken Funken einer solchen Maschine Schießpulver nicht entzünden, während dieses Experiment leicht gelingt, wenn man die Entladung durch einen in die Leitung eingeschalteten feuchten Faden verlangsamt. So erklärt es sich, daß der Blitz Pulverfässer zertrümmern kann, ohne zu zünden.

Heu und Stroh werden, wie die Erfahrung lehrt, leicht entflammt, erstens weil diese Körper an und für sich leicht entzündbar sind, und zweitens weil sie vermöge ihres Widerstandes die Entladung verlangsamen und Anlaß zur Funkenbildung innerhalb ihrer Masse geben. Feuersgefahr ist auch da stets vorhanden, wo ein schlecht leitender und brennbarer Körper zwischen metallische Leiter eingefügt ist. Dünne Drähte, z. B. die der Haus-Telegraphenleitungen, werden fast regelmäßig geschmolzen, es sind aber auch Fälle bekannt, wo der Blitz einen 6 mm starken Kupferdraht eines Blitzableiters durchschmolz. Ebenso wird häufig beobachtet, daß die Platinspitze eines Blitzableiters geschmolzen wird, obgleich das Platin bekanntlich eines der am schwersten zu verflüssigenden Metalle ist. In Holz steckende Nägel zeigen an der Spitze häufig Spuren von Schmelzung, ebenso erweisen sich die Löcher, welche der Blitz manchmal in die Bleirohre der Wasserleitung schlägt, als am Rande geschmolzen. Ich werde in dem Capitel, das von den Blitzableitern handelt, noch ausführlicher über die Wege sprechen, die der Blitz in Gebäuden zu wählen pflegt, sowie den Schaden, den er daselbst anrichtet. An dieser Stelle möchte ich nur noch bemerken, daß nicht nur Dachrinnen, Wasser- und Gasleitungsrohre, bei denen man dies ja als selbstverständlich annimmt, sondern auch der Ruß des Kamins sich wie ein metallischer Leiter verhält. Der Blitz folgt daher mit Vorliebe dem Schornstein und geht dann öfters entlang der Ofenröhre in das Zimmer über. Es wird sich daher empfehlen, während eines Gewitters die Nähe des Ofens zu meiden.

Am 25. Mai d. J. schlug während eines heftigen Gewitters in Ebingen bei Heidelberg der Blitz in ein kleines Häuschen mitten im Dorfe, zerschmetterte eine Anzahl Ziegel, beschädigte die Dachbalken, stellte die Dachsparren aufrecht und glitt dann, ohne bemerkenswerthen Schaden zu thun, an dem Schornstein herab, riß an der Stelle, wo das Ofenrohr die Wand durchsetzte, den Verputz heraus, fuhr quer durch das niedere und kaum 2 m breite Zimmer nach der gegenüberliegenden Wand, welche das Zimmer von der Scheuer trennte. Das Zifferblatt einer kleinen Wanduhr erhielt einen Sprung, das darüber liegende, in einem hölzernen Rahmen befestigte Schutzglas blieb unbeschädigt, ebenso das Werk. Hinter der Uhr fuhr der Blitz in der nur aus Fachwerk bestehenden Wand herab, indem er den Verputz, der den Raum zwischen den Balkenlagen ausfüllte, herauswarf und sich so einen Canal schuf. Das häufig beobachtete Aufrechtstellen der Dachsparren ist dadurch zu erklären, daß der Blitz hinter sich einen luftverdünnten Raum schafft, es treibt dann der Luftdruck von innen die Sparren heraus. Häpke beobachtete in Althemelingen bei Bremen, daß die Backsteine eines vom Blitz getroffenen Hauses 4 bis 5 cm tiefe, kugelförmige Löcher mit glatten Innenflächen aufwiesen. Er glaubt auch diese Erscheinung durch die Annahme erklären zu können, daß in Folge des geringern äußern Luftdruckes einige im Stein eingeschlossene Luftblasen hervorbrachen. Ebenso ist das häufig beobachtete Zerspringen der Fensterscheiben während eines Blitzschlages eine Wirkung des Luftdruckes.

Die Größe des jährlich in Deutschland durch den Blitz an Gebäuden angerichteten Schadens wird verschieden geschätzt. Karsten [1] berechnet denselben zu mindestens 6 bis 8 Millionen Mark, während Holtz in seinem Werkchen über die Zunahme der Blitzgefahr den jährlichen Blitzschaden als Durchschnitt der Jahre 1874—1877 zu 1,26 Millionen veranschlagt. In demselben Zeitraum waren in ganz Deutschland versichert Gebäude im Werth von 13 676 Millionen Mark; es berechnet sich demnach der jährliche Schaden zu 0,092 pro Mille. Gebäude in flachen Gegenden werden leichter vom Blitze getroffen als solche im Gebirge. Es rührt dies daher, daß in Gebirgsländern die Dörfer in den Thälern liegen, und die den Blitzschlägen vorzugsweise ausgesetzten Berggipfel unbewohnt sind, während in der Ebene die Gebäude die hervorragendsten Objecte bilden. Dazu kommt noch, daß der wenigstens in den Gebirgsländern Deutschlands vorherrschende Wald einen gewissen Schutz bietet. Doch kommen bei der Beurtheilung der Blitzgefahr auch noch andere Gesichtspunkte in Betracht. So steht in einem scheinbaren

---

[1] G. Karsten, Elektrotechnische Zeitschrift 1885. S. 137.

Gegensatz zu dem, was ich eben gesagt, die Thatsache, daß in Baden im Kreis Waldshut (Schwarzwald) von einer Million versicherter Gebäude 265, im Kreis Heidelberg (Rheinebene und Hügelland) dagegen nur 24 von dem Blitze beschädigt wurden. Es rührt dies daher, daß erstens im hohen Schwarzwald die meisten Bauernhöfe mit Stroh gedeckt sind, während es derartige Gebäude im Kreis Heidelberg nicht mehr gibt, und zweitens, und das ist wohl die Hauptursache der großen Differenz: im Kreis Waldshut gibt es wenige geschlossene Dörfer, die Bauernhöfe liegen isolirt, in der Rheinebene und im Neckar-Hügelland sind dieselben zu größern geschlossenen Ortschaften vereinigt. Nehmen wir nun an, es entfiele auf dieselbe Fläche, z. B. 1 qkm auch dieselbe Anzahl von Blitzschäden, so würde, wenn auf diesem Quadratkilometer 200 Häuser ständen, die Gefahr, vom Blitze getroffen zu werden, für ein einzelnes Haus nur halb so groß sein, als wenn auf demselben Raum 100 Häuser ständen.

In den Marschgegenden Schleswig-Holsteins, wo die Gebäude vereinzelt stehen, ist daher die Blitzgefahr bedeutend größer als in den übrigen Theilen Deutschlands. Im Durchschnitt treffen in Preußen auf dieselbe Anzahl Gebäude auf dem Lande fünf Mal so viel Blitzschläge als in den Städten. Neben der Vertheilung im Raum übt, wie schon bemerkt, auch die Art der Bedachung einen bedeutenden Einfluß auf die Gefährdung durch den Blitz aus.

In Schleswig-Holstein entfielen im Jahrzehnt 1874—1883 pro Jahr auf je eine Million:

gewöhnlicher Gebäude mit harter Dachung 163 Blitzschläge,
dto. mit weicher Dachung 386 „
Kirchen . . . . 6 277 „
Windmühlen . . . . 8 524 „
gewerbliche Gebäude, Fabrik-Schornsteine . 306 „

Gebäude, welche auf einer Terrainerhebung liegen, werden im allgemeinen den Blitzschlägen mehr ausgesetzt sein, als solche in der Ebene; ebenso wird die Nähe von großen Wasserbecken eine Gefahr bedingen, während ein nahe gelegener Wald als Schutz dient. Doch müssen hier die Grundwasserverhältnisse berücksichtigt werden. Steht das Grundwasser horizontal, so können auch nieder gelegene Gebäude unter Umständen gefährdeter werden als höher gelegene (siehe unten) und deshalb vom Grundwasserspiegel weiter entfernte. Von allen Gebäuden sind die Kirchen und Windmühlen wegen ihrer Höhe, die letztern auch wegen ihrer isolirten Lage auf Terrainerhebungen am meisten den Blitzschlägen ausgesetzt. Während nach Holtz (siehe oben) von einer Million gewöhnlicher Gebäude 188 jährlich vom Blitze beschädigt werden, entfallen

auf eine Million Kirchen in Sachsen-Weimar 3360 und in der Land-
drostei Stade sogar 8333 Blitzschläge. Windmühlen sind sogar noch
etwas gefährdeter.

Häpke führt an, daß es nach der Versicherung eines alten Mühlen-
besitzers in der Umgebung von Bremen nur wenige Windmühlen gibt,
welche im Laufe der Jahre nicht durch zündende und kalte Schläge
heimgesucht worden wären. Metall-Constructionen erhöhen natürlich
unter sonst gleichen Umständen die Blitzgefahr für ein Gebäude, doch
läßt sich durch zweckentsprechende Verbindung der Metalltheile mit
einem Blitzableiter die Gefahr leicht beseitigen, ja es können sogar z. B.
die Dachrinnen, Telephon-Leitungen auf den Dächern, bei zweckmäßiger
Anlage als Blitz-Schutzvorrichtung dienen. Ich werde auf diesen Punkt
im Capitel über Blitzableiter ausführlicher zu sprechen kommen.

Schiffsmasten sind, wie es in der Natur der Sache liegt, Blitzschlägen in hohem Maße ausgesetzt. Es sind auch Fälle bekannt, in
denen der Blitz sich nicht begnügte, die Maste zu zersplittern, sondern
auch Theile der Schiffswand herausriß, und so das Schiff zum Sinken
brachte.

Man braucht bei Blitzschäden nicht immer an directen Ausgleich
der Elektricität der Wolken mit jener der Erde zu denken, ein jeder Blitzstrahl ist im Stande, in einem seiner Bahn benachbarten Leiter einen
momentanen Strom hervor zu bringen (Inductionsstrom). Daß ein
starker Blitzstrahl inducirend wirken muß, verlangt die Theorie, und es
ist die Existenz solcher Inductionsströme in der That auch nachgewiesen,
in den meisten Fällen freilich wird es schwierig sein, zu entscheiden, ob
eine entstandene Beschädigung eine directe Wirkung des Blitzes oder die
eines Inductionsstromes sei. Zunächst zwei Beispiele, welche die Existenz
von durch Blitze hervorgerufenen Inductionsströmen darthun sollen.
Im Sommer 1887 stellte K. A. Brander[1] auf dem St. Gotthard
Erdstrom-Untersuchungen an. In der von dem Hospiz nach Airolo
führenden Telegraphen-Leitung wurde ein empfindliches Galvanometer
eingeschaltet, die Enden der Leitung führten vermittelst unpolarisirbarer
Elektroden zu Erde. Entlud sich ein Blitz in einer sehr weiten Entfernung, so daß in dunkler Nacht nur ein unbedeutender Reflex am
Himmel sichtbar wurde, so gab das Galvanometer einen deutlichen Aus-
schlag, der mit der Annäherung des Gewitters an dem Beobachtungsort
immer stärker wurde, so daß schließlich die Leitung ausgeschaltet werden
mußte. Daß Telephon-Apparate, Klingeln, Telephone in Folge der
Inductionswirkung eines Blitzes von selbst ansprechen, wird häufig be-

[1] Brander, Meteorol. Zeitschrift 1889. S. 438.

obachtet. Auch das Ueberspringen von Funken zwischen einzelnen Theilen der Apparate ist nichts ungewöhnliches. Telephonische Correspondenz unterbleibt am besten während eines Gewitters.

Eine eigenthümliche Wahrnehmung machte Dr. Hoppe aus Clausthal [1]). Derselbe besichtigte am 1. Juli 1891 auf der „Schwarzenhütte" bei Osterode die dortige Seilbahn, die dazu dient, die im Kalksteinbruch gewonnenen Steine durch die Luft nach der einige hundert Meter davon entfernten Kalkhütte zu befördern. Das eiserne Laufseil ist auf dem Hüttenplatz durch einen Mauerklotz mit dem Erdboden verbunden, läuft dann, auf hohen hölzernen Böcken gelagert, mit geringem Ansteigen nach dem Steinbruch des Kalklagers, und ist hier mit seinem andern Ende im festen Gestein verankert. Zuvor läuft es durch ein kleines Gebäude, in letzterm stand Hr. Hoppe und beobachtete die starken Entladungen einer Gewitterwolke, die in mindestens 5 km Entfernung über den Vorbergen zwischen Clausthal und Osterode stand. Einer der Hrn. Hoppe begleitenden Studirenden hatte die Hand auf das Laufseil gelegt. Im Augenblick, als Hr. Hoppe einen prächtigen Blitz aus jener Wolke zucken sah, rief jener Student, indem er die Hand hastig vom Seile wegzog, daß er einen heftigen Schlag, wie von einer Leydener Flasche kommend, vom Seil her in die Hand bekommen habe. In den beiden angeführten Fällen ist an etwas anderes als Inductionsströme nicht wohl zu denken.

In der citirten Abhandlung beschreibt Hoppe die Wirkungen eines andern, von ihm genau untersuchten Blitzschlages, der des Interessanten sehr viel bietet. Am 20. Juli 1881, 3 Uhr Morgens, schlug der Blitz bei Clausthal in ein Haus am Fuß der sogenannten Brenner Höhe. Dieser Blitzschlag ist an und für sich schon deshalb bemerkenswerth, weil das Gewitter über diese Höhe herzog, und eine auf derselben stehende Windmühle unbeschädigt blieb, obwohl dieselbe genug Eisentheile enthält und keinen Blitzableiter besitzt. Es befindet sich aber am Fuß der Höhe und nur 5 m von dem getroffenen Hause entfernt, ein wasserreicher Graben, und dieser Fall liefert eine Bestätigung der oben ausgesprochenen Ansicht, daß bei Beurtheilung der Blitzgefahr vielleicht in erster Linie die Grundwasser-Verhältnisse zu berücksichtigen sind. Es ließ sich leicht nachweisen, daß der Blitz, der die Schornsteine zertrümmert und auch im Innern des Gebäudes mannichfaltigen Schaden angerichtet hatte, wirklich längs eines theilweise durch den Blitzschlag zerstörten Zaunes seinen Weg nach dem Graben genommen hatte.

Unter dem getroffenen Gebäude, 400 m unter der Erdoberfläche,

---

[1]) Hoppe, Ober- und unterirdische Wirkungen eines Blitzstrahls. Leopoldina XXIX, 1893.

zieht sich ein wasserführender Stollen hin, die sogenannte tiefe Wasser-
strecke. Dieser Stollen wurde benutzt, um Erze zu Schiff nach dem
Förderschacht zu bringen. Zu diesem Zweck ist längs der Decke des
Stollens ein 18 mm dickes Drahtseil ausgespannt und mittels eiserner
Klammern befestigt. Der vorn im Boot stehende Schiffer erfaßt dieses
Seil und zieht sich und damit das Boot fort. Um dieselbe Zeit (die
Zeit ließ sich auf ein paar Minuten genau feststellen), als oben auf
der Erde der Blitz in das genannte Haus schlug, verspürten die sämmtlichen Schiffer, die gerade das Seil in der Hand hatten, einen furchtbaren Schlag, alle schrieen laut auf, einige verloren das Bewußtsein.
Die Leute behaupteten, die Hände seien ihnen vom Seil herunter-
geschlagen worden, einige Schiffer, die zufällig an nassen Stellen des
Seiles zogen, fühlten sich zwei bis drei Tage lang gelähmt. Es stellte
sich heraus, daß auch früher schon an diesem Seil ähnliche Erscheinungen,
aber niemals in dieser Heftigkeit wahrgenommen worden waren. Daß
der Blitz direct das Seil erreichte, ist nicht sehr wahrscheinlich, es wird
hier wohl eine Inductions-Erscheinung angenommen werden müssen.

Am 26. Mai d. J. schlug in Seckenheim bei Mannheim der Blitz
in ein zweistöckiges Wohnhaus, ohne erheblichen Schaden zu thun. Es
scheint, daß der größte Theil der Entladung dem Ableitungsrohr des
Regenwassers folgte. 20 bis 30 m von dem Gebäude entfernt steht
eine Brauerei, dieselbe überragt das genannte Haus um fast 10 m.
Ueber dem Maschinenraum der Brauerei, unmittelbar unter dem Dach
befindet sich ein Wasser-Reservoir, welches Anschluß an das Wirthschafts-
Local hat und das Wasser zum Ausspülen der Gläser liefert. Das zu
verzapfende Bier steht unterhalb des Schanktisches in einem Eisschrank,
von dem wieder ein Rohr zum Ablauf des Schmelzwassers in den Hof
hinaus führt. Der Hahn, aus dem das Bier verschenkt wird, ist von
jenem, der die Spülwasserleitung abschließt, etwa 80 cm entfernt.

Zu derselben Zeit, als nach dem Donnerschlag zu schließen, es im
Nebenhause einschlug, verspürte der Wirth, der nach dem Zapfhahn griff,
einen heftigen Schlag gegen seinen Kopf und sah den Hahn der Spülwasserleitung aufleuchten.

Es ist zweifelhaft, ob hier ein Theil des Blitzstrahls seinen Weg
vom Wasser-Reservoir unter dem Dach durch die Leitung in das Wirths-
local und von da, zum Zapfhahn überspringend, durch die Schmelz-
wasserleitung des Eisschrankes nach der Erde nahm, oder ob in den
beiden Leitungen Inductionsströme entstanden. Wegen der verhältnißmäßig geringen Heftigkeit des vom Wirth verspürten Schlages neige ich
mich letzterer Ansicht zu. Bemerkenswerth ist noch, daß die Decke des

Wirthslocals von eisernen Trägern gebildet wird und auch auf eisernen Säulen ruht.

In einem auffallenden Mißverhältniß zu der Angst, welche die meisten Menschen vor einem Gewitter haben, steht die Anzahl der vom Blitz Getroffenen. Nach der Hellmann'schen Statistik wurden in dem 15jährigen Zeitraum von 1869—1883 von einer Million Menschen durchschnittlich jährlich durch den Blitz getödtet: in Preußen 4,4; Baden 3,8; Frankreich 3,0; Schweden 3,1. Die Zahlen in den einzelnen Jahren sind natürlich ziemlich verschieden. In Baiern z. B. schwankten in den letzten Jahren die Zahlen der überhaupt vom Blitz Getödteten zwischen 5 und 23 im Jahr. Zwei Drittel aller Getödteten sind männlichen Geschlechts und die große Mehrzahl im Freien getroffen. In Frankreich ist seit 1835 eine Zunahme der Blitzgefahr für die Menschen, in Schweden seit 1816 eine Abnahme, auch in Baden und Preußen seit 1867 resp. 1869 eine kleine Verringerung zu erkennen.

Man darf wohl behaupten, daß ein großer Theil der vom Blitz Getödteten dem Leichtsinn zum Opfer fielen, mit dem so viele Menschen immer noch allen Warnungen zum Trotz während eines Gewitters Schutz unter Bäumen suchen. Außerordentlich gering ist die Gefahr, im Innern des Hauses vom Blitz getroffen zu werden, häufiger sind die Fälle, in denen Menschen auf freiem Feld erschlagen wurden, besonders wenn sie, auf einem Pferd oder Wagen sitzend, über ihre Umgebung emporragten, oder wenn ein in der Hand gehaltenes eisernes Geräth, Hacke, Schaufel oder dergl. dem Blitzstrahl einen guten Weg zur Erde bot. Wer auf ganz freiem Feld von einem Gewitter überrascht wird, thut gut daran, sich nieder zu setzen und umfangreichere metallische Gegenstände bei Seite zu legen.

Weit gefährdeter als einzelne Menschen scheinen Ansammlungen und marschirende Truppen zu sein. Ob, wie behauptet wird, die warme feuchte Luftsäule, die sich in Folge des Athmungs-Processes über größere Menschenansammlungen erhebt, als verhältnißmäßig guter Leiter den Blitz gewissermaßen anzieht, muß noch unentschieden bleiben.

Bei allen vom Blitz Getroffenen scheint der Tod, wenn solcher eingetreten, durch eine Lähmung des Nervensystems herbeigeführt worden zu sein, wenigstens sind die äußern Verletzungen in den meisten Fällen gering. Die Bewußtlosigkeit tritt momentan ein. Von den vielen, die, vom Blitz betäubt, später wieder zu sich kamen, vermochten nur ganz wenige sich Rechenschaft über ihre Empfindungen zu geben, weitaus die meisten nahmen weder Blitz noch Donner wahr, nur einige wußten zu erzählen von Feuerkugeln, die auf sie zusprangen.

Vom Blitz Erschlagene behalten fast immer die Stellung bei, die sie unmittelbar vor dem Schlag inne hatten. So hat man Leichen von Feldarbeitern angetroffen, von denen der eine noch eine Prise Tabak in den Fingern hielt, während der zweite den miterschlagenen Hund streichelte und der dritte im Begriff war, ein Stück Brod zum Munde zu führen. In andern Fällen hielt man die Verunglückten für schlafend und überzeugte sich erst nach einiger Zeit von dem Irrthum.

Wie sich aus den Blitz-Photographieen ergibt, verzweigt sich der Blitz in der manchfaltigsten Weise; es wird daher auch durch den Körper eines vom Blitz Getroffenen nur ein Theil der ganzen Entladung hindurchgehen. Beschränkt sich die Blitzbahn auf die äußern Partien des Körpers, so können Brandwunden in der Form von langen Furchen hervorgerufen werden, die äußerst schmerzhaft und schwer zu heilen sind. Im allgemeinen lassen sich bei Getödteten nur unbedeutende Wunden, in der Hauptsache Verbrennungen nachweisen, seltener Quetschungen und Rupturen innerer Organe, doch ist sogar ein Fall einer Herzruptur bekannt, nur ganz ausnahmsweise kommen Knochenbrüche und Abreißungen von Gliedern vor. Auffallend ist, daß sich auf den Körpern der Getödteten merkwürdige Zeichnungen, Sterne, Kreise, baumartige Verästelungen und dergl. vorfinden. Ich führe hier nach Planté ein der Londoner medicinischen Zeitschrift ,The Lancet‘ entnommenes Beispiel an:

„Ein Schäfer der Grafschaft Leicester hütete auf den Feldern seine Heerde, als ein Gewitter sich erhob; er suchte, wie es diese Leute hartnäckig zu thun pflegen, unter einem Baume einen Zufluchtsort. Kurze Zeit darauf fühlte er eine Erschütterung am obern Theile der linken Achsel, und da er den Gebrauch der Beine ganz und gar verlor, fiel er zu Boden. Als man ihn in seine Wohnung übertrug, hatte er noch vollkommen sein Bewußtsein, aber er klagte über Schmerzen im Rücken und in den Beinen. Die Untersuchung, welche vom Arzte, der ihm zur Hülfe gerufen wurde, vorgenommen wurde, führte zu einer auffallenden Wirkung des Blitzschlages. Von der linken Achsel bis hinab den ganzen Rücken einnehmend, zeigte sich herrlich vorspringend reproducirt auf der Haut und in einer intensiv scharlachrothen Farbe die Zeichnung eines Strauchastes mit zahlreichen Verästelungen, welche so fein als wie mit einer Nadelspitze gezeichnet waren. Der Stamm hatte fast drei Viertel Zoll in der Breite und das allgemeine Aussehen war das eines Farnkrautstockes mit sechs oder acht Verzweigungen. Die ganze Erscheinung war vorzüglich reproducirt und auf dem Rücken des Patienten wie abgedruckt."

Eine weitere sehr sorgfältige Untersuchung über die Wirkung eines Blitzschlages auf einen Menschen verdanken wir dem Stabsarzt Dr. Stechow

(Deutsche Militairärztliche Zeitschrift 1892 [1]). Am 9. Juni 1891, Vormittags 8 Uhr, schlug der Blitz in eine Gruppe Soldaten, die sich während einer Feldbienstübung um den zu Pferd sitzenden Compagnie-Commandeur gebildet hatte; der Hauptstrahl traf das Pferd, das alsbald verendete, durch Zweigstrahlen wurden fünf Mann mehr oder weniger schwer verletzt, der Hauptmann nebst einigen Leuten zu Boden geworfen. Mit Ausnahme eines einzigen, des Hornisten, erholten sich die sämmtlichen Getroffenen bald wieder von ihrer Betäubung. Der am schwersten getroffene Hornist blieb zunächst bewußtlos und athmete nicht. Der Blitzstrahl hatte seine Helmspitze getroffen und diese sowie die Metalltheile des Helmes an mehreren Stellen geschmolzen. Das Haupthaar des Hinterkopfes wurde kurz abgesengt und eine lederartig versengte Rinne erzeugt. Von hier ab theilte sich der Strahl. Ein Zweig lief, sich in der manchfaltigsten Weise verästelnd, über Brust, Magengegend und das rechte Bein, auf dem Fußrücken noch Brandwunden zurücklassend. Dr. Stechow vergleicht die entstandenen Blitzfiguren mit einem dicht verzweigten Bärlappmoose. Der mächtige Zweig des Hauptstrahls hinterließ auf dem Rücken eine Verbrennungsfläche, auslaufend in einem 20 cm langen Streifen, welcher in der Mitte blau, an der Seite roth war. Ein großer, flammenartiger Büschel erstreckte sich bis in die linke Achsellinie. Von der Verbrennungsfläche strahlten fächerförmig Streifen aus. Die Haut auf der Verbrennungsfläche war theils in Tropfenform von Stecknadelkopf- bis Linsengröße, theils in Flächenform lederartig verbrannt und von gelblich-grauer bis rother Farbe. Der Hauptstrahl zerriß auch die Kleidung, sprang in das Seitengewehr, an dem mehrfache Schmelzringe zu beobachten waren, ging unter der Bildung eines Loches mit verbrannten Rändern durch die Drillichhose und durch ein zweites Loch in die Unterhose gegen die Kniekehle. Die Stiefel, welche mit Eisen und Nägeln versehen waren, wurden drei Schritt weit fortgeschleudert, Schaft und Oberleder derselben durchgerissen. An der Außenseite des Stiefeleisens war eine Schmelzung, und in der Fußsohle eine damit correspondirende Blutblase zu bemerken. Ein wahrscheinlich vom Pferd übergesprungener Strahl hatte außerdem diesen Mann an den Ellenbogen getroffen, dort eine Verbrennung der Haut in der Größe eines Fünfmarkstückes verursacht, welche von einem Kranz feiner Strahlen umgeben war. Planté weist auf die Aehnlichkeit hin, welche die Zeichnungen auf der Haut vom Blitz Getroffener mit den sogenannten Lichtenberg'schen Figuren zeigen.

Man erhält diese, wenn man Funken auf Glas- oder Hartgummi-

---

platten überspringen läßt, die mit Mennige und Schwefelpulver bestreut sind. An den negativ gewordenen Stellen werden die Mennige, an den positiv gewordenen der Schwefel festgehalten. Planté benutzte zu ihrer Herstellung einen Apparat, mit dessen Hülfe er hochgespannte Elektricität erzeugen konnte. Die Aehnlichkeit der von ihm erhaltenen Figur [1]) mit den eben geschilderten Zeichnungen, die auf der Haut der vom Blitz Getroffenen entstanden, ist allerdings in die Augen springend. Auf photographischem Papier, das auf Wasser schwimmt, bilden sich, wenn man Funken darauf überspringen läßt, nach der Entwickelung ganz ähnliche Figuren.

Neben den besprochenen Blitzfiguren wurden schon an den Füßen, besonders den Fußkanten vom Blitz Getroffener weiß=grau umsäumte Durchlöcherungen der Haut beobachtet, die wie die Löcher aussahen, welche der elektrische Funken in Kartenblätter schlägt.

Häpke zählt in seiner mehrfach citirten Arbeit alle Tödtungen von Menschen durch den Blitz auf, die in neuerer Zeit in Bremen und Umgebung vorkamen. Ich will von diesen hier einige besonders charakteristische erwähnen.

1. „Auf dem Wege von Hastedt nach Schwachhausen wurde vor längern Jahren eine Frau vom Blitze erschlagen, welche auf dem Kopfe einen Korb mit blecherner Kanne trug. Die Mutter in ihrer Begleitung blieb unverletzt. Nach Angabe des Herrn Dr. med. Runge, welcher die Leiche besichtigt hatte, war durch hineingetriebene Theile des Korbes ein Schädelbruch erfolgt. Der Oberkörper zeigte Streifen, welche mit Blut unterlaufen waren. Die Kleidung war zerrissen, ein rothes Umschlagetuch zersetzt und die Theile weit umher geschleudert.“

2. „Am 9. Juni 1874, Nachmittags, wurde ein Knecht vor Walle vom Blitz erschlagen. Nach der mir kurz darauf von Herrn Oberlehrer Brinkmann in Walle gemachten Mittheilung eilte der Mann, der Gräben ausgeworfen hatte, beim Ausbruch des Gewitters vom Felde nach Hause. In kurzer Entfernung hinter demselben fuhr ein Wagen, dessen beide Insassen nach einem blendenden Blitzstrahl den noch eben vor ihnen her Wandelnden nicht mehr bemerkten. Da dieselben jedoch Rauch aufsteigen sahen, fanden sie beim Herbeieilen den vom Blitze Getödteten fast nackt da liegen. Ein Theil der Kleidungsstücke war umher geschleudert, die noch am Körper befindlichen Reste waren in Brand gerathen, während die langen Wasserstiefel bis zur Sohle zersetzt an den Füßen hingen. Das Haar am Scheitel und Hinterkopf war verbrannt; außer den Brandwunden zeigten sich am Körper blaue Flecken und Blutunterlaufungen.“

3. „Am 11. Juli 1874 wurden vier Personen in Kampe, diesseits Ottersberg, welche beim Heumachen auf den Wummewiesen vor dem Gewitter in einer Scheune Schutz suchten, beim Eintreten in dieselbe von einem Blitze getroffen. Dieser erschien den Augenzeugen als eine vom Scheunendach herabrollende Feuerkugel, die alle vier einen Augenblick in Flammen einhüllte. Das Zeug verbrannte den Leuten am Leibe, so daß die Körper mit Brandwunden über und über bedeckt waren. Eine dieser vier Personen, Namens Böttcher, ein Mann von 30 Jahren, war sofort eine Leiche, da der Kopf zerschmettert war. Ferner wurden zwei Brüder getroffen, von denen der eine, bewußtlos und gelähmt, bald nachher

---

[1]) Planté l. c., S. 80.

starb, während der andere, ein Handlungslehrling aus Bremen, damals 17 Jahre alt, sich nach einiger Zeit erholte und später nach America auswanderte. Ein Knabe von elf Jahren endlich trug geringere Verletzungen davon." Solche Fälle, wie die beiden vorstehenden, bei denen die Kleidungsstücke verbrannten, werden in der einschlägigen Litteratur sehr selten erwähnt.

4. „Ein erst kürzlich verheirathetes Ehepaar und der Bruder des Mannes wurden sammt einem Hunde im Felde vor der Stadt an einer Weizenstiege vom Blitz getödtet. Das Gewitter kam plötzlich um die Mittagsstunde, war sehr kurz und kaum von Regen begleitet. Außer einem heftigen Schlage hatte man nur noch einen oder zwei Blitze beobachtet. Als Nachmittags ein unweit der Erschlagenen vorübergehender Nachbar die Gruppe sah, rief er derselben zu: »Sitzet ihr noch und frühstückt!« Erst am Abend vermißte man die Leute, von denen einer der Männer das Messer noch in der Hand hielt, um Brod zu schneiden, während die Frau den Bissen noch im Munde hatte. Auch hier fehlten alle äußern Verletzungen."

Thiere, besonders größere, auf weiten, baumlosen Ebenen aber auch Schafe, bilden ebenfalls ein bevorzugtes Anziehungs=Object für den Blitz. Auch hier tritt gewöhnlich der Tod ein, ohne daß bemerkenswerthe Verletzungen sich finden. Auffallend ist, daß die durch den Blitz getroffenen Thiere rasch in Verwesung übergehen, so daß das Fleisch nicht verwendbar ist.

Weidenden Thieren kann ihre Gewohnheit, bei einem herannahenden Gewitter sich in dichte Haufen zusammen zu drängen, verhängnißvoll werden. Da die einzelnen Thiere hinsichtlich ihrer Leitfähigkeit für elektrische Entladungen sich nicht beträchtlich von einander unterscheiden, so vertheilt sich der Blitz auf alle, und es werden stets eine größere Anzahl getödtet. So erzählt d'Abaddie, daß während seiner abessynischen Reise der Blitz in eine Heerde schlug und 200 Hämmel tödtete. Ueber dem Dorf Hamois an der Ourthe zog am 25. Mai 1866 ein Gewitter herauf. Ein Hirt suchte beim Herannahen desselben seine Hämmel über einen Hügel hinweg in Sicherheit zu bringen. Auf der Spitze desselben angelangt, wollten indeß die Thiere nicht mehr weiter, sondern bildeten zwei Gruppen und steckten die Köpfe zusammen. Der Hirte suchte nun Schutz hinter einem benachbarten Busche. Plötzlich fuhr unter furchtbarem Donnergetöse ein Blitz in Form eines Feuerregens herab. Auf einem Raume von etwa 180' Länge und 45' Breite hüllte er Hirt und Heerde gänzlich ein. Diese letztere bestand aus 152 Hämmeln, von denen 126 sofort getödtet wurden. Einigen der Thiere war der Kopf abgerissen, andere durchbohrt, wieder andern waren die Beine gebrochen. Der Hirt war vom Blitze am Scheitel des Kopfes getroffen worden: vom Nacken an war das Haar abgerissen, und auf der Stirne, dem Gesichte und der Brust zeigte sich eine Furche.

7. Zunahme der Blitzgefahr.

Es ist in neuerer Zeit vielfach behauptet worden, daß, entgegen allen Erwartungen, die man an die fortschreitende Verbreitung der Blitzableiter geknüpft hat, die Zahl der schädlichen Blitzschläge in den letzten fünfzig Jahren stetig zugenommen hat. Es ist nun ohne weiteres klar, daß mit der Zunahme der Bevölkerungsdichte und damit auch der Gebäude auch die Zahl der Blitzschläge in letztere zunehmen wird. Anders verhält es sich mit der Frage, ob das Verhältniß der Blitzschläge in Gebäude zur Anzahl der vorhandenen Gebäude, welches Verhältniß ich im Folgenden als Blitzgefahr bezeichnen will, ebenfalls zugenommen hat. Um Bruchzahlen zu vermeiden, drückt man das als Blitzgefahr bezeichnete Verhältniß dadurch aus, daß man angibt, wie viele Gebäude von je einer Million vom Blitz getroffen wurden. v. Bezold[1]) hat zuerst auf Grund der Acten der allgemeinen Landes-Versicherungsanstalt des Königsreichs Baiern (ausschließlich der Rheinpfalz) die Frage, ob die Blitzgefahr zugenommen, bejaht.

Auf eine Million versicherter Gebäude entfallen Blitzschläge

in den Jahren:	Blitzschläge auf 1 Million Gebäude:
1834—1837	38
1838—1841	30
1842—1845	25
1846—1849	31
1850—1853	41
1854—1857	50
1858—1861	52
1862—1865	62
1866—1869	74
1870—1873	89
1874—1877	94
1878—1881	95
1882	92

Es sind allerdings in dieser Tabelle, wie in der nachfolgenden, nur die gegen Brand versicherten Gebäude berücksichtigt, und insofern bieten dieselben kein ganz klares Bild der Zunahme der Blitzgefahr. Indessen sind in Baiern über 90 %, in andern Ländern, wie Sachsen und Baden, wo Versicherungszwang herrscht, alle Gebäude versichert.

---

[1]) v. Bezold, Poggendorff, Annal. der Physik, 1869.

Nachdem v. Bezold einmal auf die Zunahme der Blitzgefahr aufmerksam gemacht hatte, nahm sich die Statistik mit großem Eifer dieses Thema's an. Kaßner, Director des Mitteldeutschen Feuerversicherungs-Verbandes, hat neben der zeitlichen auch die örtliche Verteilung der Blitzschläge studirt. Ich gebe im Nachfolgenden einen Auszug aus den von ihm veröffentlichten Tabellen:

Staat bezw. Bezirk.	Auf 100 qkm entfallen versicherte Gebäude.		Von 1 000 000 versicherter Gebäude sind jährlich getroffen.		Steigerung um Procent.
	1864/76	1877/87	1864/76	1877/89	
Königreich Sachsen . . .	4481	4954	189	375	98,5
Provinz Oberhessen . . .	3854	3967	74	124	67
Großh. Sachsen-Weimar . .	4686	4832	51	126	148
Herzogth. Braunschweig . .	3301	3715	88	179	102
Herzogth. Sachsen-Altenburg	3820	4223	175	285	163
Herzogth. Sachsen-Gotha . .	6259	6229	33	73	119
Herzogth. Sachsen-Anhalt .	3470	3891	99	257	159
Reg.-Bez. Kassel	2892	3016	60	139	132
Reg.-Bez. Hildesheim . . .	2758	2982	68	173	154
Provinz Sachsen	3111	3670	100	199	99

Des weitern vertheilen sich die beobachteten Blitzschläge wie folgt:

		1864 bis 1876	1877 bis 1889	Zunahme in Procent
In Städten	zündende	156	218	40
	nicht zündende	1236	2072	64
auf dem Lande	zündende	484	1199	148
	nicht zündende . . .	1686	4977	195

Die Zunahme der versicherten Gebäude betrug von 1864 bis 1889 nur elf Procent.

Wie man sieht, findet nach Kaßner durchweg eine Zunahme der Blitzgefahr statt. Zu demselben Resultat wie Kaßner kamen auch Gutwasser, Freyberg, Holtz, Oberbeck, L. Weber.

Die Arbeiten der Genannten sind entweder ganz oder auszugsweise in der Elektrotechnischen Zeitschrift erschienen. Im Gegensatz zu dem bisher Angeführten ist für manche Gegenden Deutschlands auch eine Abnahme der Blitzgefahr constatirt worden, so von Hellmann[1]) für das

---

[1]) Hellmann, Veröffentlich. des Königl. Preuß. Statist. Bureau's 1886.

nördliche Baden, Hessen und den kleinen Kreis Altona-Pinneberg-Segeberg.

Gegen die Statistik der Feuer-Versicherungs-Gesellschaften ist eingewendet worden, daß ihre Zahlen unzuverlässig seien, weil 1. die Zunahme der versicherten Gebäude nicht überall in Rechnung gezogen wurde, und weil 2. das Publicum sich erst im Laufe der Jahre daran gewöhnte, auch unbedeutende vom Blitz verursachte Schäden anzugeben, als es sah, daß dieselben vergütet wurden. Dieser Einwand wird unterstützt durch die Wahrnehmung, daß die behauptete Zunahme der Blitzschläge vorzugsweise auf die sogenannten kalten Schläge entfällt, die früher wahrscheinlich gar nicht angemeldet wurden. Der Kaßner'schen Statistik speciell hat Unger[1]) den Vorwurf gemacht, daß die berechnete Zunahme der Blitzgefahr nur eine scheinbare sei, hervorgerufen dadurch, daß zufällig die erste der beiden Perioden, die Kaßner unterscheidet, mit ein paar gewitterarmen Jahren schließt, während die zweite mit ein paar gewitterreichen beginnt. Indem Unger den Zeitraum von 1881 bis 1891 in zwei Perioden theilt, findet er für Deutschland überhaupt keine merkliche Zunahme der Blitzgefahr in seiner zweiten Periode gegenüber der ersten.

Eine Controle der Angaben der Feuer-Versicherungs-Gesellschaften liefern die Aufzeichnungen der Reichspost. Es sind 900 Telegraphen-Aemter beauftragt, Aufzeichnungen über Verlauf, Dauer und Richtung der Gewitter zu machen, es entfällt im Durchschnitt auf je 493 qkm ein Amt für diesen Dienst, der Radius der einem Amt zur Beobachtung überwiesenen Kreisfläche beträgt hiernach im Mittel 12,5 km.

Unter Schaden-Gewittern sind im Folgenden solche Gewitter verstanden, welche Telegraphen-Apparate, Telephone, Leitungsdrähte, Stangen usw. beschädigten.

Es wurden so beobachtet:

	1882	1883	1884	1885	1886	1887	1888	1889	1890
Anzahl d. Gewitter-Beobachtungen	2648	2064	3258	2597	2291	1516	1665	5404	1464
Anzahl der Schaden-Gewitter	506	495	629	608	586	468	667	962	1063
Verhältniß der Schadengewitter zur Gesammtzahl der Gewitter in %	18,85	23,98	19,31	23,41	25,58	30,87	40,06	17,80	25,53
Anzahl der Beschädigungsfälle	2261	2046	2864	2911	2728	2074	2375	4748	4884
Bei jedem Schaden-Gewitter sind im Durchschnitt vorgekommen Beschädigungsfälle	4,46	4,13	4,55	4,79	4,66	4,43	3,56	4,94	4,59

[1]) Unger, Eine fehlerhafte Statistik, Elektr. Zeitschr. 1892.

Auch aus dieser Tabelle geht eine Zunahme der Schaden-Gewitter hervor, aber auch diese kann eine nur scheinbare sein, hervorgerufen durch die fortwährend sich steigernde Ausdehnung des Telegraphen-Netzes, das natürlich auch eine Vermehrung der Blitzschäden mit sich bringt. Ich gebe daher in der folgenden Tabelle[1]) das Verhältniß der in den einzelnen Jahren beschädigten Leitungsstangen zu den überhaupt vorhandenen in Procenten an.

Von sämmtlichen Leitungsstangen wurden beschädigt:

1882	1883	1884	1885	1886	1887	1888	1889	1890
0,12%	0,12%	0,15%	0,15%	0,11%	0,07%	0,06%	0,13%	0,12%

Eine procentische Zunahme der Blitzschäden ist nach dieser Tabelle nicht vorhanden. Trotzdem und trotz der Einwendungen, die sich insbesondere gegen die Maßner'sche Statistik mit Recht erheben lassen, muß wenigstens für einzelne Theile Deutschlands, wie Bayern und Sachsen, eine Vergrößerung der Blitzgefahr zugegeben werden. Es fragt sich nun: ist diese Zunahme der schädlichen Blitzschläge bedingt durch eine Zunahme der Gewitter, oder sind bei gleichbleibender Häufigkeit der Gewitter dieselben in Mittel-Europa heftiger und verderbenbringender geworden? Diese Frage ist vor allem deshalb schwer zu beantworten, weil die vorhandenen Aufzeichnungen über Gewitter in sehr geringem Grade vergleichbar sind. Denn während ein Beobachter alle Gewitter aufzeichnet, die in meilenweitem Umkreise sichtbar werden, notirt vielleicht sein Nachfolger nur diejenigen, deren Donner er hört, oder die an seinem Wohnort heftig Regen niederfallen lassen. Folgendes aber steht fest: Eine geringe Zunahme der Gewitter in den letzten Jahrzehnten ist in Baiern sicher constatirt, im übrigen Deutschland wahrscheinlich, aber diese Zunahme reicht nicht hin, um die größere Anzahl der beobachteten schädlichen Blitzschläge zu erklären; die Gewitter sind demnach, wenigstens in einzelnen Ländern, heftiger geworden. Man hat für die Zunahme der Blitzgefahr die fortschreitende Entwaldung, die Ausdehnung des Eisenbahn- und Telegraphen-Netzes, die Vermehrung der Kohlenstaubs in der Atmosphäre durch die Fabriken und noch viele andere Dinge verantwortlich gemacht, bewegt sich aber mit allen diesen Aufstellungen nur auf ganz hypothetischem Boden. An kosmische Einflüsse, z. B. Vermehrung der Sonnenflecken, kann angesichts dessen, daß die Zunahme der Blitzgefahr nur eine locale ist, nicht gedacht werden. Dagegen hat Horn darauf aufmerksam gemacht, daß nach den 56jährigen Aufzeichnungen der Sternwarte in München die Kurve, welche die Höhe des

---

[1]) Archiv für Post und Telegraphie. 1890. S. 97; 1892, S. 481. Auszüge in der Elektr. Zeitschrift.

Grundwassers in den einzelnen Jahren angibt, symmetrisch entgegen=
gesetzt ist derjenigen, welche die Größe der Blitzgefahr bezeichnet. Das
heißt, steht das Grundwasser nieder, ist die Blitzgefahr größer und um=
gekehrt. Die Erklärung ist sehr naheliegend. Feuchter Boden gestattet
wegen seiner guten Leitfähigkeit einen allmäligen Ausgleich der Elek=
tricität des Erdbodens mit der der Wolken, plötzliche Entladungen
(Blitze) werden daher seltener sein. Niedere Grundwasserstände und damit
trockener Boden verhindern den allmäligen Ausgleich und befördern
die Blitzentladung. Horn weist darauf hin, daß auch noch eine andere
Erscheinung entgegengesetzt der Zunahme der Blitzgefahr in Baiern
verläuft, nämlich das Wachsthum der Gletscher in unsern Alpen. In
trockenen Perioden, in denen die Blitzgefahr wächst, ziehen diese sich
zurück, während sie in einer Periode niederschlagsreicher Jahre wieder
vorrücken. Angesichts der lückenhaften Statistik wird man die
Horn'sche Erklärung, so plausibel sie auch erscheint, doch erst dann als
begründet ansehen dürfen, wenn auch entsprechendes Zahlen=Material
aus andern Ländern vorliegt. [1]

Eine Bemerkung über die räumliche Verbreitung der Blitzschläge
möge hier noch angeführt werden. Karten, in denen die Anzahl der
schädlichen Blitzschläge pro Quadrat=Kilometer, also ohne Beziehung zu
der Zahl der vorhandenen Gebäude, verzeichnet ist, haben nur einen
bedingten Werth. Es ist ja von vorn herein klar, daß in dichtbe=
völkerten Ländern, wie Sachsen oder den rheinisch=westfälischen Industrie=
Bezirken pro Quadrat=Kilometer mehr schädliche Blitzschläge constatirt
werden, als auf derselben Fläche in der Eifel oder der Lüneburger
Haide, und da im allgemeinen Thäler dichter bewohnt sind als Gebirge,
so erwecken die angeführten Karten fälschlicherweise den Schein, als ob
Gewitter etwa längs des Rheines oder der Elbe verderbenbringender
seien als im Gebirge.

s. Planté's Versuche. [2]

Der französische Physiker Gaston Planté, der bekannte Erfinder der
Accumulatoren, stellte mehrere Tausende dieser letztern zu Batterieen
zusammen und gelangte so in den Besitz einer Elektricitätsquelle, die

[1] Weiteres über die vermeintlichen Ursachen der Vermehrung der Blitzgefahr siehe
Stimmen von Maria Laach. Jahrgang 1887, Heft I u. II.

[2] Planté, G., Die elektrischen Erscheinungen der Atmosphäre. Uebersetzt von J.
Wallentin. Halle a. S. 1889.

ihm hochgespannte Elektricität in großer Menge lieferte, während die bis dahin gebräuchlichen Elektrisirmaschinen zwar hohe Spannungen, aber nur sehr geringe Elektricitätsmengen zu erzeugen vermochten. Durch die Entladung dieser Batterie gelang es Planté, Erscheinungen hervorzurufen, welche mit den elektrischen Erscheinungen der Atmosphäre große Aehnlichkeit besitzen. Wenn man den Planté'schen Versuchen auch nicht die Bedeutung zuschreiben kann, die der Autor ihnen zutheilt, so glaube ich doch, auf die hauptsächlichsten derselben hier eingehen zu sollen, damit der Leser sich selbst ein Urtheil über die Tragweite derselben bilden kann.

In den Stromkreis einer Batterie von 1000—1600 Accumulatoren schaltete Planté eine Geißler'sche Röhre und zwei aus Filtrirpapier gebildete Kämme, die mit destillirtem Wasser befeuchtet wurden. Nach Stromschluß blitzte ein Lichtschimmer in der Röhre auf, um sofort wieder zu verlöschen und nach einigen Secunden wieder von neuem aufzuleuchten. Diese intermittirenden Entladungen dauerten bis zur Erschöpfung der Batterie fort. Durch den Wärme-Effect der Entladung wird nämlich nach Planté an der Berührungsstelle der Spitzen Wasser verdampft und in Folge der ungenügenden Leitfähigkeit des trockenen Papiers der Strom unterbrochen. Inzwischen stellt sich durch Nachdringen von Wasser, Verschiebungen oder dergleichen an einer oder der andern Spitze ein Contact her, und die Erscheinung kann wieder beginnen. Diese Erklärung für das Experiment dürfte richtig sein, weniger dagegen die daraus auf die Vorgänge in der Natur gezogenen Analogieschlüsse. Planté glaubt, daß sich die Wolken insofern ähnlich den befeuchteten Papierkämmen verhalten, als sich die einzelnen Wolkentheilchen fortgesetzt gegen einander verschieben und so bald eine besser, bald eine schlechter leitende Strombahn bieten. So könnten sich die in den Wolken enthaltenen entgegengesetzten Elektricitäten nur allmälig in Form von Blitzen an den Stellen ausgleichen, wo die Bedingungen für das Zustandekommen eines Funkens gerade günstig liegen. Continuirliche Entladungen ohne Donner sollen dadurch entstehen, daß längere Zeit hindurch Contact zwischen den Wolken stattfindet. Ich habe schon oben darauf hingewiesen, daß sich diese stillen Entladungen auch durch die verhältnißmäßig geringe Hörbarkeit des Donners erklären lassen.

Eingehender sind die Versuche, die Planté auf Anregung Arago's zur Erklärung der immer noch räthselhaften Kugelblitze anstellte. Wenn die positive Elektrode einer aus 200 Accumulatoren bestehenden Batterie in Salzwasser oder verdünnte Säure getaucht wird (reines Wasser ist ein sehr schlechter Leiter der Elektricität), so tritt, sobald die negative Elektrode mit der Flüssigkeit in Berührung kommt, Schmelzung oder

Verflüchtigung des Poldrahtes ein, dabei zeigt sich gleichzeitig eine von dem verdampfenden Metall gefärbte Flamme. Wird der Widerstand der Flüssigkeitssäule vergrößert, so erfolgt die Entladung durch eine Reihe von Funken. Wird dagegen umgekehrt von vorn herein die negative Elektrode in die Flüssigkeit getaucht, und nähert man der Oberfläche der letztern den positiven Draht, so bildet sich am Ende des letztern unter eigenthümlichem Geräusch eine Lichtkugel. Hebt man die positive Elektrode, so wächst die Kugel, bis ihr Durchmesser die Größe von einem Centimeter erreicht, dabei nimmt sie eine drehende Bewegung an, in Folge deren sie sich sogar abplattet. Diese drehende Bewegung kann, ohne daß eine Gesetzmäßigkeit ersichtlich ist, bald in dem einen, bald in dem andern Sinn erfolgen, ja oft wechselt der Sinn der Drehung während des Versuches. Das Licht scheint von dem Punkte auszustrahlen, in dem die Kugel die Oberfläche der in dem Gefäß befindlichen Flüssigkeit berührt. Die zu den bisher beschriebenen Experimenten gebrauchte verdünnte Salzlösung kann auch durch destillirtes Wasser ersetzt werden, doch muß dann wegen der geringen Leitfähigkeit desselben die elektromotorische Kraft der Säule vergrößert werden. Planté wandte eine solche von 800 Accumulatoren an, schaltete jedoch in den Stromkreis noch eine Säule destillirten Wassers ein, um die Stromstärke zu verringern und damit das Schmelzen der Elektrode zu verhüten. Tauchte er nun von vorn herein den positiven Poldraht in das Gefäß mit destillirtem Wasser und näherte die negative Elektrode der Flüssigkeits-Oberfläche, so entstand eine Feuerkugel von einem Durchmesser bis zu einem Centimeter, die ebenfalls eine drehende Bewegung annahm. Wurde die Elektrode etwas gehoben, so erschien die Unterseite der Kugel mit unzähligen blauen Lichtpunkten besäet, jeder dieser Punkte entsprach einem Lichtfaden, deren Vereinigung eben die Lichtkugel bildeten. Die spectral-analytische Untersuchung zeigte, daß die Feuerkugel bestand aus glühender, verdünnter Luft, dem Dampf des Metalles der Elektrode und den Elementen des zerlegten Wassers. Besonders deutlich trat das Spectrum des Wasserstoffgases hervor. Wenn die metallische Elektrode positiv und das destillirte Wasser negativ elektrisch war, so nahm der Funke wieder eine kugelförmige Gestalt an, aber die Mitte war von einem Kegel violetten Lichtes durchsetzt. Daß auch die Elektrode sich verflüchtigt und ihr Dampf die Lichtkugel färbt, kann weiter nicht auffallen; dieser Fall tritt stets ein, wenn ein einigermaßen hochgespannter Strom zwischen Metallspitzen übergeht. Man erhält z. B. recht schön die Spectra der Metalldämpfe, wenn man in die zu diesem Zweck durchbohrten Kohlenstäbe einer Bogenlampe Metalldrähte einsetzt. Als Planté zwei metallische Elektroden anwandte, erhielt er ein leuchtendes Sphäroid, dessen Inneres von glänzenden Linien durchsetzt war. Wurde durch Einschalten von Widerstand die Stromstärke vermindert, so verschwand allmälig die Lichthülle, und es blieb schließlich nur noch ein Lichtbogen zurück, wie dies auch nicht anders zu erwarten war. Planté verband ferner die beiden Poldrähte seiner aus 800 Elementen bestehenden Accumulatoren-Batterie mit den beiden Belegungen eines Condensators. Der letztere bestand aus einer Glimmerplatte, die auf beiden Seiten mit Stanniol beklebt war. Ein solcher Condensator, durch die Verbindung mit der Batterie geladen, verhält sich wie eine Leydener Flasche. Weist die Glimmerplatte zufälliger Weise irgendwo eine dünne Stelle oder einen Riß auf, so werden sich die auf den beiden Belegungen angesammelten entgegengesetzten Elektricitäten durch diese Stelle hindurch entladen, ähnlich wie auch das Glas einer Leydener Flasche bei zu starker Ladung derselben durchbohrt werden kann. Aber statt des kurz dauernden Funkens, den eine Leydener Flasche liefern würde, erhielt Planté folgende Erscheinung. Es bildete sich eine kleine, sehr helle Lichtkugel, die sich mit Geräusch in Bewegung setzte und langsam auf der Stanniolplatte eine wellenförmige, unregelmäßige Linie zog; sie folgte offenbar den Stellen geringsten Widerstandes. Längs ihrer Bahn schmolz nicht nur das Stanniol, sondern theilweise auch der Glimmer; gleichzeitig wurde dieser auf dem ganzen Weg der Feuerkugel zerschnitten oder durchbohrt. Noch deutlicher trat die wenigstens scheinbare Aehnlichkeit dieser Entladungserscheinungen mit den Kugelblitzen bei folgendem Versuch hervor. Zwei mit destillirtem Wasser befeuchtete Papierbäuschchen wurden mit den Polen einer Batterie von 1600 Accumulatoren verbunden. Näherte man sie einander, so entstand eine Feuerkugel, welche nach allen Richtungen zwischen den feuchten Oberflächen herumlief, bald stärker, bald schwächer werdend. Sie verschwand erst, als die Batterie nach einigen Minuten entladen war.

Ganz ähnliche Erscheinungen erhielt Lepel, als er Platten von Glimmer, Glas oder Hartgummi, paraffinirtem Papier zwischen die Pole einer kräftigen Influenzmaschine brachte. Merkwürdig ist besonders folgender Versuch. Wurden die Ränder zweier Glasplatten mit nassem Papier belegt, so rissen sich Tröpfchen von der negativen Platte los und wanderten durch eine ungefähr zwei Centimeter breite Luftschicht als bläulich-rothe Kugeln langsam und zischend zur positiven Platte. Ein geringer Luftzug ließ sie unter zischendem Geräusch verschwinden.

Planté zieht aus seinen bisher beschriebenen Experimenten den Schluß, daß die Materie unter der Einwirkung einer Elektricitätsquelle, die große Mengen hochgespannter Elektricität zu liefern im Stande ist,

Kugelgestalt annehme. Ein Kugelblitz würde demnach hervorgerufen durch einen elektrischen Strom, in welchem die Quantität der Elektricität mit hoher Spannung verknüpft ist, während der Blitz die gewöhnliche Zick= zackform annimmt, wenn die Menge der Elektricität, also die Strom= stärke, eine geringere ist. Die Kugelblitze beständen demnach aus glühender verdünnter Luft und den von der Zersetzung des Wassers herrührenden Gasen ebenfalls in verdünntem Zustand. Da wir oben nachgewiesen haben, daß der Zickzackblitz auch nichts anderes ist als glühende Luft, so wird gegen diesen Theil der Planté'schen Auseinandersetzungen nicht viel einzuwenden sein. Die Helligkeit der Blitzkugeln erklärt Planté aus der großen Menge der in Betracht kommenden Elektricität, unter Um= ständen würde die Lebhaftigkeit der Lichtentwickelung auch verursacht werden durch glühende Staubtheilchen, Eisen, Silicium, Kalk. Daß solche Staubtheilchen in der Atmosphäre vorhanden sind und bei der Bildung der Gewitterwolken, vielleicht auch des Hagels, eine Rolle spielen, ist unzweifelhaft, die Annahme aber, daß ihnen auch ein Theil der Lichtentwickelung eines Kugelblitzes zuzuschreiben sei, ist trotzdem nichts mehr als Vermuthung.

Die von der der Zickzackblitze abweichende Farbe der Kugelblitze er= klärt Planté durch den reichlich vorhandenen Wasserdampf; überwiegt der aus dessen Zersetzung herrührende Wasserstoff den Stickstoff der Luft, so muß, wie wir oben gesehen haben, die Feuerkugel eine rothe Farbe annehmen; ist der Strom dagegen nicht mächtig genug, um er= hebliche Mengen Wasserdampf zu zersetzen, so geht die Färbung in das der verdünnten Luft eigenthümliche Blauviolett über.

Das die Erscheinung der Kugelblitze begleitende Brausen rührt nach Planté von dem raschen Verdampfen des Wassers her, welches durch die Wärmewirkung des Blitzes hervorgerufen wird. Auf diese Weise entsteht auch das bei den Versuchen beobachtete zischende Geräusch. Auf= fallender Weise war dieses Brausen stärker, wenn die positive Elektrode oberhalb des destillirten Wassers war, als im umgekehrten Fall.

Die Drehbewegung, welche die Kugelblitze manchmal, die bei den Experimenten auftretenden Lichtkugeln in den meisten Fällen zeigten, erklärt Planté durch die Reaction, welche dem Ausflusse der Elektrici= tätsströmung entspringt. Diese Erklärung erscheint mir nur dann ver= ständlich, wenn man annimmt, daß auch materielle Theilchen als Folge elektrischer Abstoßung aus der Kugel fortgeschleudert werden.

Der Kugelblitz stellt sich dar entweder unter der Form eines ein= fachen Falles von mehr oder minder zahlreichen Feuerkugeln oder unter der Form einer einfachen Kugel, welche sich langsam bewegt und manch= mal lange Zeit sichtbar bleibt. Im ersten Fall glaubt Planté, daß die

Kugelblitze ihren Ursprung in den sogenannten Perlenblitzen haben, von denen ich früher gesprochen und auf deren Erklärung durch Planté ich später zurückkommen werde. Den zweiten, gewöhnlichen Fall, daß eine Feuerkugel sich verhältnißmäßig langsam bewegt, glaubt Planté folgender-maßen erklären zu können: Wenn eine Gewitterwolke, die mit einer großen Elektricitätsmenge geladen ist, in einer geringen Höhe oberhalb der Erdoberfläche hinwegzieht, so kann sich eine Säule oder Trombe von feuchter, stark elektrisirter Luft bilden, welche sichtbar oder unsichtbar ist und als Elektrode dient; diese erzeugt den Abfluß des elektrischen Stromes unter der Gestalt einer Feuerkugel, welche an ihrem Ende erscheint. Da diese Säule sehr beweglich ist, so wird die Feuerkugel selbstverständlich allen Bewegungen der erstern folgen.

Eine zweite Art der Erklärung dieser Kugelblitze geht aus von dem oben beschriebenen Experiment, wo eine Feuerkugel langsam über einen Conden-sator hinwandert, der gebildet wird durch eine Glimmerplatte mit Stanniolbelegungen. Ein solcher Condensator, nimmt Planté an, könne sich in der Atmosphäre bilden, seine obere Belegung würde dargestellt durch eine feuchte, gut leitende Luftschicht, die untere durch den eben-falls leitenden Erdboden, als Isolator würde dienen eine dazwischen liegende verhältnißmäßig trockene Luftschicht. Die Möglichkeit der Bil-dung eines solchen Condensators kann nach Beobachtungen bei Ballon-fahrten nicht wohl in Zweifel gezogen werden. Sobald der Funken die isolirende Zwischenschicht durchschlagen hat, so muß nun nach Planté der weitere Ausgleich der beiden getrennten Elektricitäten in Kugelform erfolgen. Reicht die elektrisirte Wolke nahe zum Boden herab, und besitzt die Basis eine große Ausdehnung, so bleibt die Feuerkugel in leitender Verbindung mit der die obere Belegung bildenden Wolke und setzt allein ihren Gang fort, indem sie die isolirende Luftschicht durchwandert und zwar in unregelmäßiger Weise je nach der Aenderung der Dicke und des Widerstandes, welchen dieselbe besitzt. Planté verweist als Stütze für diesen immerhin problematischen Erklärungsversuch, denn es liegt kein Beweis dafür vor, daß die den Kugelblitz entsendenden Wolken besonders weit herabreichen, auf die Erscheinung eines Kugelblitzes, welcher, der Wand eines Schornsteins folgend, dieselbe an der Stelle geringsten Widerstandes durchbohrte. Auf dieselbe Weise erklärt Planté auch das Auftreten von Kugelblitzen im Innern einer Wolke. Befindet sich eine solche der Erde nicht nahe genug, daß die Entladung unter der Form eines Kugelblitzes vor sich gehen kann, so glaubt Planté, daß sich durch Influenzwirkung Lichtbüschel (St. Elmsfeuer) oder Feuerkugeln bilden können; einen experimentellen Beweis dafür, daß sich unter solchen Umständen Feuerkugeln bilden können, gibt es aber nicht.

Es erübrigt noch eine Erklärung der mannichfaltigen Formen, unter denen Kugelblitze zu verschwinden pflegen.

„Wenn die isolirende Luftschicht zu dick ist, oder der Zufluß von Elektricität aus der Gewitterwolke sich nicht vergrößert, so hört der Ausgleich der Elektricitäten auf, und die Feuerkugel verschwindet ohne Schallerscheinung ebenso wie in den beschriebenen Experimenten. Wenn andererseits die Intensität des Gewitters zunimmt, oder die elektrische Wolke sich mehr dem Erdboden nähert, so fließen neue Elektricitäts= mengen der Oberfläche der isolirenden Luftschicht zu, und es vollzieht sich der Abfluß, anstatt in einer relativ ruhigen und stillen Weise fort= zufahren, unter der Kugelform gewaltsam, unter der Form einer eigent= lichen Entladung, welche von Donner begleitet ist. Man begreift dann, daß von der Stelle selbst, an welcher der Donner erschien, nach allen Richtungen Blitzlinien ausgehen, welche wellen= oder zickzackförmig sind und die umgebenden Gegenstände treffen." Ob die Schall=Er= scheinung von der Explosion der Blitzkugel selbst herrührt, läßt Planté unentschieden. Die Stärke des Donners, mit dem nach den Berichten manche Kugelblitze verschwinden, würde sich erklären durch die große Menge der in's Spiel tretenden Elektricität.

Planté faßt schließlich sein Urtheil über die Kugelblitze folgender= maßen zusammen: „Der Kugelblitz erscheint als eine langsame und partielle Entladung, die entweder direct oder auf dem Influenzweg ge= schieht, der Elektricität der Gewitterwolke, sobald diese Elektricität in ausnahmsweise mächtiger Menge vorhanden ist und sobald die Wolke selbst oder die elektrisirte Luftsäule, welche sozusagen die Elektrode bildet, sich sehr nahe dem Erdboden befindet und von demselben nur durch eine isolirende Luftschicht von geringer Dicke getrennt ist."

Aehnliche Erscheinungen wie Planté haben andere Forscher erhalten, als sie den von 50 oder mehr Bunsen'schen Elementen gelieferten Strom vermittelst Elektroden von sehr kleiner Oberfläche in verdünnte Säure leiteten. Man wird es hier in der Hauptsache mit Wärmewirkungen des elektrischen Stromes zu thun haben. Ob diese kleinen Lichtkugeln als ein Analogon zu den Kugelblitzen aufgefaßt werden dürfen, erscheint immer noch fraglich. Vor allem kann Planté nicht erklären, wie es möglich ist, daß ein Kugelblitz minutenlang ruhig in der Luft schweben kann. Man müßte zur Erklärung dieses Phänomens annehmen, daß sowohl von der Wolke herab ein leitender Kegel schlauchartig herab= hänge, als auch gleichzeitig ein solcher von der Erde aus emporsteige, und das letztere erscheint doch wenig wahrscheinlich. So hübsch die be= züglichen Experimente von Planté auch sind, so wenig sind sie im Stande, alle die Räthsel zu lösen, welche uns die Berichte über die Kugelblitze aufgeben.

Ganz ungenügend erscheint die Erklärung, welche Planté von den Perlenblitzen gibt. Er sieht in denselben einen Uebergang von dem gewöhnlichen Zickzackblitz zur Kugelblitzform und schließt aus seinen Beobachtungen von Perlenblitzen, daß die Blitzkugeln, welche in mehr oder weniger großen Anzahl fallen, von Donnergetöse begleitet sind und unmittelbar verschwinden, als von einem Perlenblitz abstammend betrachtet werden können. Das mag richtig sein, aber man muß dann Kugelblitze der eben beschriebenen Art als wesentlich verschieden betrachten von den Feuerkugeln, die langsam über feuchtem Boden einherziehen. Ganz unklar aber ist es, wenn Planté fortfährt, „diese Bildung der Lichtkörner, welche mit Luftlinien abwechseln, dürfte eine Consequenz des Ausflusses des elektrischen Stromes durch ein ponderables Medium sein und kann entweder mit der Reihe glühender Kugeln, welche ein langer von einem Volta'schen Strom geschmolzener Metalldraht zeigt, dessen Enden einen Augenblick noch an den Polen der Säule geschmolzen aufgehängt bleiben, oder auch mit den Anschwellungen verglichen werden, welche bei dem Ausfluß jeder Flüssigkeitsader entstehen. Solche Ansammlungen der elektrisirten und leuchtenden Materie dürften natürlich sich langsamer zerstreuen als die Lichtlinie selbst, die sie mit einander verbindet, und auf diese Weise erklärt sich die Fortdauer des beobachteten Blitzes".

Hier fragt es sich denn doch: welches ist dieses ponderable Medium in der Atmosphäre, das sich verhalten soll wie ein geschmolzener Metalldraht? Auch dürfte es doch nicht so ohne weiteres klar sein, daß sich die Ansammlungen der elektrisirten und leuchtenden Materie langsamer zerstreuen sollen als die Lichtlinie selbst, da letztere doch auch von glühender Materie gebildet wird. Mindestens ist unklar, warum diese glühende Materie längere Zeit hindurch Kugelgestalt beibehalten soll.

Daß es Planté dagegen gelungen ist, die Erscheinung der Zickzackblitze und der eigenthümlichen Zeichnungen, die sie auf dem menschlichen Körper hervorbringen, besonders vermittelst seiner rheostatischen Maschine recht hübsch nachzuahmen, habe ich schon an andern Stellen auseinandergesetzt.

9. Blitzableiter.

Der erste Vorschlag zur Errichtung von Blitzableitern ging bekanntlich von Franklin aus. In einem Brief vom 29. Juli 1750 an die Royal Society in London schreibt er, anknüpfend an seine Untersuchungen über das Verhalten von Spitzen gegenüber elektrischen Entladungen:

„Würde die Kenntniß der Kraft der Spitzen nicht den Menschen zum Nutzen gereichen können, wenn man dadurch Häuser, Kirchen, Schiffe und dergl. vor dem Schlage des Blitzes zu sichern suchte? Man müßte anfangen, auf die höchsten Theile der Gebäude aufrecht stehende eiserne Stangen zu befestigen. Diese müßten so scharf als Nadeln gemacht und, um dem Roste vorzubeugen, vergoldet werden. Von dem untern Ende dieser Stangen müßte man außen an dem Gebäude einen Draht bis in die Erde heruntergehen lassen. Bei Schiffen aber müßte dieser Draht an einem der Masttheile herunter und von da in's Wasser geleitet werden. Diese spitzen Stangen würden vermuthlich das elektrische Feuer aus einer Wolke ganz ruhig abführen, ehe dieselbe zum Schlagen nahe genug käme, und würde uns dadurch vor diesem plötzlichen und schrecklichen Unglück in Sicherheit stellen" [1]).

Wie man sieht, dachte Franklin zunächst an die vorbeugende Wir=kung des Blitzableiters. Er hatte sich durch seine Versuche überzeugt, daß elektrisirte Körper bei Annäherung einer Spitze langsam entladen werden, ohne daß es zur Bildung von Funken kommt, und auf ähnliche Weise glaubte er auch eine Gewitterwolke durch seine zugespitzte Stange entladen und so das Entstehen von Blitzen verhüten zu können.

Daß das Ueberspringen eines Blitzes von der Wolke zur Erde nicht vollständig verhindert werden könnte, und daß für diesen Fall der Stange die Aufgabe zufalle, den Blitz unschädlich zur Erde zu leiten, dessen war sich Franklin wohl bewußt. Er schreibt in dieser Hinsicht in einem spätern Brief:

„Die auf Gebäuden errichteten spitzen Stangen, welche mit der feuchten Erde verbunden sind, werden dem Schlage entweder gänzlich vorbeugen, oder, wenn sie demselben nicht zuvorkommen, werden sie ihn demnach dergestalt ableiten, daß das Gebäude keinen Schaden davon leiden kann. Wenn man aber in Europa meine Meinung untersucht hat, so hat man nichts dabei in Betracht gezogen als die Wahrschein=lichkeit, daß die Stangen den Schlag oder Ausbruch abwehren könnten, der andere Theil, nämlich ihr Ableiten eines Schlages, dem sie nicht vorbeugen können, scheint ganz vergessen zu sein, obschon derselbe von gleicher Wichtigkeit und Vortheil ist" [2]).

Als Franklin seinen ersten Brief schrieb, hatte er selbst noch keinen bezüglichen Versuch gemacht, und so kam es, daß der erste Blitzableiter, wenn man die Vorrichtung, die zunächst keinen unmittelbaren praktischen Zweck verfolgte, so nennen darf, nicht von ihm, sondern von D'Alibard

---

[1]) Meidinger, Geschichte des Blitzableiters, S. 15.
[2]) Meidinger, ebenda.

(siehe S. 7) aufgerichtet wurde, der die Anregung zu diesem Versuch durch die Veröffentlichung des Franklin'schen Briefes empfing.

Merkwürdiger Weise erwartete man von dem Blitzableiter in erster Linie das, was er nur in höchst bescheidenem Maße leisten kann, nämlich die allmälige Entladung der Gewitterwolke. Wahrscheinlich ohne von dem Franklin'schen Vorschlag etwas zu kennen, baute der mährische Canonicus Prokop Divisch eine „Wettermaschine", ein schließlich 130 Fuß hohes Holzgerüst, auf dem ein großes eisernes Kreuz aufgerichtet war. Vom Querbalken des letztern ragten einige hundert Drahtspitzen in die Höhe, mit dem Boden war die Stange durch drei Ketten in Verbindung gesetzt. Divisch glaubte durch diese Vorrichtung die Gegend in weitem Umkreis vor Blitzschlägen sichern zu können. Einen praktischen Werth hatte die ganze Vorrichtung nicht, denn selbst wenn, was hier nicht der Fall war, für genügende Erdleitung gesorgt gewesen wäre, hätte dieses Gerüst doch schließlich nur einen Kreis von höchstens 50 m Durchmesser geschützt und schließlich nicht so viel geleistet als ein paar auf diesen Raum vertheilte Pappelbäume.

Den ersten wirklichen Blitzableiter errichtete Franklin im September 1752 auf seinem Hause, nachdem er einen Monat vorher seinen berühmt gewordenen Versuch mit dem Drachen angestellt hatte. Eine oben zugespitzte Eisenstange ragte neun Fuß über den Schornstein des Gebäudes empor, von der Stange war ein 7 mm dicker Eisendraht nach einem Brunnen geführt.

Dank der Propaganda, die Franklin besonders in seinem Kalender „Der arme Richard" für den Blitzableiter machte, und den Vorträgen seines Freundes, des Arztes Kinnersley, der mit einem von Franklin hergerichteten Apparat an verschiedenen Orten der Vereinigten Staaten Experimente anstellte, verbreitete sich der Blitzableiter in America sehr rasch.

In Europa dagegen ging es mit seiner Einführung viel langsamer. Erst 1760 wurde der erste Blitzableiter auf dem Eddystone Leuchtthurm bei Plymouth gebaut, 1769 folgte als erster in Deutschland der Blitzableiter auf dem Thurm der Jacobikirche in Hamburg. Die Ereignisse selbst trugen viel dazu bei, die Abneigung, die sich an vielen Orten gegen die Errichtung von Blitzableitern kund that, zu vermindern. Der Thurm von Siena wurde sehr oft vom Blitze beschädigt, er wurde daher mit einem Ableiter versehen. Im Jahre 1777 stürzte, während viel Volk auf dem Kirchenplatz versammelt war, ein Blitzstrahl angesichts der Umstehenden auf den Thurm und fuhr, ohne Schaden anzurichten, an dem Blitzableiter herab, dieser selbst wies nur unbedeutende Spuren des Durchganges der Blitzentladung auf. Noch auffallender zeigte sich die

Wirkung des Blitzableiters an einer auf dem Rosenberg in Kärnthen gelegenen Kirche des dem Grafen Orsini gehörenden Schlosses. Diese
Kirche wurde so oft vom Blitze getroffen, daß man den Gottesdienst
während des Sommers aussetzte. 1770 wurde der Thurm durch einen
Blitzschlag vollständig zerstört, er wurde wieder aufgebaut, mußte aber
schon nach acht Jahren in Folge der vielen Beschädigungen, die er durch
Blitzschläge erlitten, wieder umgebaut werden. Bei dieser Gelegenheit
wurde er mit einem Blitzableiter versehen, und nun wurde er in den
nächsten fünf Jahren nur ein Mal, und zwar ohne Schaden zu nehmen,
vom Blitze getroffen.

Es darf nicht unerwähnt bleiben, daß in Deutschland katholische
Geistliche sich eifrig für die Einführung des Blitzableiters bemühten.
Unter ihnen ragte hervor der kurpfälzische Geistliche Rath Hemmer
in Mannheim, der wegen seiner zahlreichen Schriften über den Blitzableiter sich eines bedeutenden Rufes erfreute. Seine Vorschläge zur
Ausbildung der Installateure von Blitzableitern dürften jetzt noch mehr
beachtet werden. Mit besonderm Fleiß sammelte Hemmer alle Vor-
kommnisse, welche den Nutzen des Blitzableiters erkennen ließen. Er
führt eine ganze Reihe von Thürmen auf, die früher regelmäßig vom
Blitz getroffen wurden, dagegen keinen Schaden mehr erlitten, seitdem
sie mit Ableitern versehen waren, so den Leuchtthurm von Genua, den
Marcusthurm in Venedig, die Kirche auf dem Hohenpeißenberg u. a.
Es würde heute nicht schwer fallen, die Sammlung bedeutend zu ver-
größern. Ich will nur ein evidentes Beispiel für die Wirksamkeit des
Blitzableiters noch anführen. In den drei ersten Jahrzehnten unseres
Jahrhunderts erforderte der Straßburger Münsterthurm Reparaturen
der von Blitzschlägen herrührenden Schäden im jährlichen Betrag von
tausend Francs. Die Errichtung eines Blitzableiters machte diesem Aus-
gabeposten ein Ende.

Oft können Gebäude durch zufällige Umstände mit Blitzableitern
versehen sein. Als ein solches Gebäude nennt Lichtenberg den Salomonischen
Tempel. Wäre dieser, der doch sehr exponirt lag, während seines tausend-
jährigen Bestehens ein Mal vom Blitze beschädigt worden, so hätten wir
darüber sichere Nachricht. Als Erklärung für den Schutz gegen Blitzschläge
führt Lichtenberg folgenden Umstand an [1]. Das mit stark vergoldetem
Cedernholz getäfelte flache Dach des Tempels war von einem Ende zum
andern mit langen zugespitzten und vergoldeten Stangen von Eisen besetzt.
Die Außenseiten des Gebäudes waren gleichfalls in ihrer ganzen Ausdehnung mit stark vergoldetem Holz bekleidet. Endlich waren unter dem

---

[1] Weber. Die Blitzgefahr. Nr. 1. S. 18. Berlin, Springer.

Vorhof des Tempels Cisternen vorhanden, in welche das Wasser von den Dächern sich durch metallene Röhren ergoß. Hier ist also ein Ueberfluß von Ableitungen für den Blitz vorhanden gewesen.

Es läßt sich nicht in Abrede stellen, daß Blitzableiter, wie sie in den meisten Fällen construirt werden, einen unbedingten Schutz nicht gewähren. Vielfach hat man ein zu geringes Gewicht auf eine gute Erdleitung gelegt, und die daraus entspringenden Fehler hat man dann der ganzen Einrichtung aufgebürdet und die Vorurtheile, die an manchen Orten gegen die Blitzableiter existiren, durch die Mißerfolge fehlerhafter Anlagen genährt. Franklin verlangte von einem guten Blitzableiter, daß eine möglichst scharfe Spitze vorhanden sei, zweitens daß die einzelnen Theile der Leitung untereinander metallisch verbunden und drittens, daß eine gute Erdleitung vorhanden sei. Weil Eisen= oder Kupferspitzen sich bald oxydiren und dann keine metallische, gut leitende Oberfläche mehr darbieten, hat man bis in die neueste Zeit die Auffangstangen mit aufschraubbaren Platin= oder vergoldeten Kupferspitzen versehen. Man gab diesen Spitzen kegelförmige Gestalt. Die Erfahrung hat gelehrt, daß diese Vorrichtungen nur die Blitzableiter unnöthiger Weise bedeutend vertheuern. Ihr Nutzen ist schon aus dem Grunde sehr gering, weil der erste Blitzschlag, der vielleicht, ohne bemerkt zu werden, längs der Leitung zur Erde führt, die Spitze schmilzt, so daß fernere Blitze doch keine scharfe Spitze mehr vorfinden. Man nimmt gewöhnlich an, daß eine Auffangstange eine Kreisfläche schützt, die ihre doppelte Höhe zum Durchmesser hat. Auf eine gute metallische Verbindung der einzelnen Theile der Luftleitung ist großes Gewicht zu legen. Verschraubungen genügen nur dann, wenn die sich berührenden Metalltheile gut blank und vor dem Rosten geschützt sind. Vorzuziehen ist die Verbindung durch Schweißen oder Löthen. Die Erdleitungen läßt man gewöhnlich in Kupferplatten endigen. Können dieselben, was vorzuziehen ist, in Wasser gelegt werden, so genügt ein Quadratmeter einseitige Oberfläche, führt die Leitung nur bis in das feuchte Erdreich, so sind die Dimensionen zu verdoppeln. Blanke Kupferplatten dürfen nicht in Brunnen eingeführt werden, deren Wasser zum Trinken dient, weil sich sonst in diesem Wasser giftige Kupfersalze bilden, deren fortgesetzter Genuß, wenn es sich jedes Mal auch nur um minimale Mengen handelt, auf die Dauer schädlich werden kann. Kupferplatten sind darum in diesem Fall zu verzinnen, oder es müssen, was schon der geringern Kosten wegen vorzuziehen ist, an ihrer Stelle verzinkte Eisenplatten angewandt werden.

Was die Details der Ausführung anbelangt, so unterschied man bisher zwei Systeme:

1. das von Gay-Lussac 1823 auf Veranlassung der französischen

Akademie ausgearbeitete. Dasselbe ist dadurch charakterisirt, daß das zu schützende Gebäude mit einer oder wenigen, dafür aber sehr hohen Auffangstangen versehen ist; von diesen führt gewöhnlich ebenfalls nur eine, aber starke Leitung bis herab in das Grundwasser. Der Uebergang in das Wasser oder feuchte Erdreich soll auf möglichst ausgedehnter Fläche stattfinden können;

2. das von Melsens in Brüssel vorgeschlagene System. Eigenthümlich sind demselben mehrere niedrige mit Spitzenbüscheln versehene Auffangstangen; ebenso führt die Luftleitung in vielen, möglichst symmetrisch vertheilten Strängen nach dem Boden. Um eine möglichst gute Erdleitung zu haben, schlägt Melsens vor, die Luftleitung mit den Gas- und Wasserleitungsrohren zu verbinden. Wir werden später sehen, daß diese Verbindung stets nöthig ist, wenn derartige Leitungen in das zu schützende Gebäude eintreten. Das Melsen'sche System bietet dem Architekten manche Vortheile. Hervorspringende Ecken und Erker lassen sich in zuverlässigerer Weise als nach dem Gay-Lussac'schen schützen, und die dünnern Leitungen schmiegen sich den Formen des Gebäudes gut an. Der Preis einer solchen Anlage wird sich allerdings wegen der vielen geforderten Leitungen in den meisten Fällen höher stellen als der einer solchen nach Gay-Lussac'scher Anordnung. Man darf, wenn man auch noch so viele Luftleitungen anwendet, bei den einzelnen Strängen unter eine gewisse Stärke nicht herabgehen, weil sonst Schmelzungen durch den Blitz eintreten.

Indem man bis in die letzte Zeit annahm, daß die Blitzentladung denselben Gesetzen folge wie der galvanische Strom, hat man Blitzableitungsanlagen vielfach unzweckmäßig construirt. Es ist das Verdienst des englischen Physiker Lodge, auf das Unrichtige der bisherigen Vorstellung hingewiesen zu haben. Indem Lodge zeigte, daß man den Nutzen von Blitzableitern in der üblichen Bauart vielfach überschätzt habe, gab er auch gleichzeitig den Weg an, auf dem sich eine Verbesserung derselben erreichen läßt.

Der grundliegende Versuch von Lodge ist folgender:

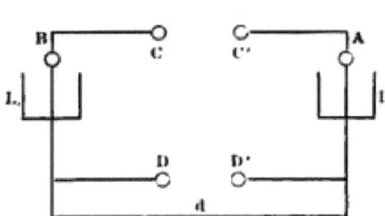

Auf einem Tisch stehen zwei Leydener Flaschen L, und L,. Die beiden innern Belegungen stehen bei A und B in Verbindung mit den Polen einer Elektrisir-Maschine. Die äußere Belegung verbindet der Draht d, von dem aus Drähte zu den beiden Kugeln D und D' führen. Da die Flaschen mit entgegengesetzten Elektricitäten geladen sind, so werden, wenn die Ladung ein gewisses Maß erreicht hat, Funken zwischen C und C' überspringen. Gleichzeitig springen, und das ist das Auffallende, solche auch bei D und D' über, obgleich die Elektricität den bequemern Weg durch den Draht d hat. Die Länge der Luftstrecke DD' kann dabei mehrere Centimeter betragen.

Vergrößert man die Entfernung der beiden Kugeln D und D', so werden wir schließlich zu einem Punkt kommen, an dem kein Funken mehr überspringt, so daß die Entladung den Weg durch den Draht wählt. Diese Entfernung, von Lodge die kritische Distanz genannt, hängt ab von der Beschaffenheit und Länge des Drahtes d. Die kritische Distanz erreicht ihren größten Werth, wenn wir d zu einer Spirale winden. Um die auf den ersten Blick merkwürdige Erscheinung zu erklären, daß die elektrische Entladung in Form eines Funken vor sich geht, während ein Weg durch den Draht geboten ist, müssen wir auf ein Princip der Mechanik zurückgeben. Im physikalischen Unterricht pflegt man folgenden Versuch anzustellen. Ein 1 bis 2 m langer Holzstab von einem Quadratcentimeter Querschnitt liegt mit seinen beiden Enden auf zwei ausgespannten Haaren auf. Schlägt man mit einem schweren Hammer möglichst rasch auf die Mitte des Stabes, so zersplittert dieser, während die beiden Haare unbeschädigt bleiben. Wäre der Schlag langsam geführt worden, so wären die Haare zerrissen und der Stab nicht gebrochen. Ein ruhender Körper kann vermöge der ihm innewohnenden Trägheit oder des Beharrungsvermögens nicht plötzlich in Bewegung gesetzt werden; zieht z. B. eine Locomotive einen schweren Zug zu rasch an, so zerreißen die Verbindungsketten und die Wagen bleiben stehen. So können auch in unserm Fall die getroffenen Holztheilchen die Bewegung nicht rasch genug auf die seitlich gelegenen übertragen, sie werden deshalb auseinandergerissen, ohne daß sich die Bewegung auf die Enden des Stabes überträgt. Ein gegen eine offene Thüre oder eine Glasscheibe geschleuderter Stein wird die erstere zuschlagen, die letztere zertrümmern, eine Pistolenkugel dagegen wird in beide ein ihrem Durchmesser entsprechendes glattes Loch schlagen. Bevor die Holz- oder Glastheilchen, dem von der Kugel ausgeübten Druck nachgebend, die Bewegung weiter pflanzten, hat die erstere bereits ihren Weg durch die Thüre bzw. die Scheibe genommen. Spannen wir in der Mündung eines Geschützrohres einen Faden aus, so ist die abgeschossene Kugel nicht im Stande, denselben rasch genug zu zerreißen, und die Pulvergase zersprengen das Geschütz. Selbst noch unbedeutendere Hindernisse als ein ausgespannter Faden können bei der großen Anfangsgeschwindigkeit der Geschosse (7- bis 800 m pro Secunde) dem Geschützrohr verhängnißvoll werden.

Diesen mechanischen Vorgängen können wir nun die folgenden elektrischen an die Seite stellen. Wenn in einem Leiter ein Strom entsteht, so erzeugt derselbe in einem parallel dem ersten ausgespannten Leiter im Moment des Entstehens einen auch nur einen Moment dauernden Inductionsstrom. Es ist aber zu dessen Erzeugung Arbeit nothwendig. Daß diese Arbeit eine recht beträchtliche ist, davon kann man sich überzeugen, wenn man eine Drahtrolle, durch die ein constanter Strom fließt, über eine in sich geschlossene rasch hinüber schiebt. Die in der feststehenden Rolle bei der Annäherung der ersten entstehenden Inductionsströme wirken der Bewegung derselben entgegen, und es ist Arbeit nöthig, diese Rolle über die zweite hinüber zu schieben. Nun kann man jeden Leiter in eine Anzahl paralleler Fäden zerlegt denken, der durch jeden Faden fließende Strom inducirt im Augenblick seines Entstehens Ströme in den benachbarten Theilen des Leiters und schafft so durch diese „Selbstinduction" seinem Entstehen selbst ein Hinderniß. Der längere Zeit fließende galvanische Strom wird dieses Hinderniß im Moment seines Entstehens überwinden, und seine Hauptarbeit wird darin bestehen, den von ihm durchflossenen Leiter zu erwärmen. Anders verhält es sich mit einer momentan verlaufenden elektrischen Entladung. Aehnlich wie die rasch dahin fliegende Kugel den Thürflügel nicht in Bewegung setzt, sondern durchschlägt, wozu doch ein größerer Arbeitsaufwand erforderlich ist, so vermag der Elektricitätsstrom den Widerstand, den ein metallischer Leiter vermöge der Selbstinduction seinem momentanen Entstehen entgegensetzt, nicht zu überwinden, und die Entladung vollzieht sich durch die Luftstrecke, ein Weg, den der galvanische Strom nicht wählen würde, ebenso wie der langsam auffallende Hammer nicht den Stab, sondern die ihn unterstützenden Haare zerreißt. Dabei ist noch folgendes zu beachten. Denken wir uns einen Leiter von kreisförmigem Querschnitt, so werden die inducirenden Wirkungen zweier am Ende eines Durchmessers gelegenen Stromfäden auf das Innere des Leiters sich aufheben. Die Elektricität wird also bei ihrem plötzlichen Durchgang längs der Oberfläche des Leiters den geringsten Widerstand durch Selbstinduction finden und sich daher bei der Raschheit, mit welcher der ganze Entladungsvorgang verläuft, nicht die Zeit nehmen, in das Innere zu dringen, sondern sich längs der Oberfläche bewegen. Hertz hat diese Folgerungen aus der Theorie durch Versuche bestätigt. Das Innere des Leiters existirt also für die Entladung gar nicht, sondern vermehrt nur den Widerstand. Um nicht mehr auf diesen letztern Punkt zurückkommen zu müssen, will ich hier gleich erwähnen, daß sich aus diesem Verhalten der Elektricität die Folgerung ergibt, für die Luftleitung der Blitzableiter nicht Stangen oder Drahtseile, sondern breit gedrückte Röhren oder flache Bänder zu verwenden. Da der galvanische Widerstand gegenüber dem der Selbstinduction kaum in Betracht kommt, so ist es unnöthig, als Material für die Luftleitung das gut leitende Kupfer zu verwenden; es empfiehlt sich vielmehr verzinktes Eisen wegen seines billigern Preises und seiner geringern Schmelzbarkeit.

Die Selbstinduction ist auch die Ursache von Seitenentladungen. Entladet man eine Leydener Flasche durch eine lange, starke Kupferstange, längs deren, aber von ihr isolirt, ein feiner Platindraht geführt ist, so springen von der erstern zum letztern Fünkchen über. Bei Blitzableiteranlagen kann diese Versuchsanordnung in verschiedener Weise realisirt werden, z. B. dadurch, daß der Blitzableiter längs eines Schornsteines heruntergeführt ist — die Rußschicht des Kamins bildet nämlich einen guten Leiter — oder auch dadurch, daß an der Innenwand des Hauses annähernd parallel mit dem Blitzableiter Gas- und Wasserleitungsröhren geführt sind. Natürlich muß die Möglichkeit derartiger Seitenentladungen nach Kräften vermindert werden, denn sie bringen stets eine Gefahr für das Gebäude mit, im günstigsten Falle wird nur die trennende Wand durchgeschlagen, es können aber auch von dem Rohrnetz aus selbst wieder Seitenentladungen stattfinden und die sich bildenden Funken können zu Bränden Veranlassung geben. Um Seitenentladungen möglichst zu verhindern, müssen daher alle größern Leitermassen mit dem Blitzableiter in metallische Verbindung gebracht werden. Ein hoher Schornstein, längs dessen ein Blitzableiter zur Erde führt, sollte wegen der Leitfähigkeit des Rußes an seinem obern Ende innen und außen mit Eisenblech beschlagen werden, das durch Metallstreifen mit dem Blitzableiter in Verbindung gesetzt wird. Noch vortheilhafter wäre, wenn die Luftleitung aus mehrern Zweigen bestände, die auf verschiedenen Seiten des Schornsteines herabführten.

Der Anschluß der Blitzableiter an die Gas- und Wasserleitung wird sich auch empfehlen, wenn man von den Gefahren der Seitenentladung ganz absehen will. Der Widerstand, den ein weit ausgedehntes Rohrnetz dem Uebergang der Elektricität von den Röhren zur Erde entgegensetzt, ist außerordentlich klein. Wenn nun die Erdleitung des Blitzableiters aus irgend einem Grund nicht ganz gut functionirt, wird der Blitz von dem Ableiter auf die Gas- und Wasserleitung überspringen, weil diese den bequemern Weg zur Erde bietet. Wegen der guten Erdleitung des Röhren-Systems bringt die Einführung einer Gas- oder Wasserleitung in ein Gebäude ohne Blitzableiter eine Erhöhung der Blitzgefahr mit sich.[1]

In York schlug der Blitz in eine Straßenlaterne, die an einem Hause angebracht war. Wenige Meter davon befand sich das hohe Gerichtshaus, das große Metallmassen enthielt. Trotzdem die Laterne

[1] Man bemerke hierbei, daß diese Gefahr an und für sich in geschlossenen Ortschaften für Gebäude gewöhnlicher Art gering ist.

also im Schutzbereich dieses Hauses stand, wurde sie wegen ihrer gut leitenden Verbindung mit dem Erdboden vom Blitze bevorzugt.[1]

In bleierne Gasröhren können von dem überspringenden Funken kleine Löcher eingeschmolzen werden, dabei wird sich das ausströmende Gas entzünden. Es empfiehlt sich daher, im Innern von Gebäuden eiserne Gasleitungen zu verwenden.

Was über die Nothwendigkeit des Anschlusses der Gas- und Wasserleitungen an den Blitzableiter gesagt worden ist, gilt mehr oder weniger auch von allen andern im Gebäude enthaltenen größern Metallmassen. Dahin sind besonders zu zählen die Regenrinnen, eiserne Treppen, Träger und Ständer, metallene Thurmspitzen oder Schornsteine. Auch horizontal liegende Metallmassen bilden, wenn sie nicht mit der Erde in leitender Verbindung stehen, eine Gefahr. Denken wir uns über einem Gebäude eine positiv elektrisirte Gewitterwolke, es wird dann durch Influenz-Wirkung die negative Elektricität aller im Gebäude befindlichen Leitermassen von der Wolke angezogen, während die positive Elektricität in die Erde abzufließen sucht. Kann das in Folge mangelnder Leitfähigkeit des Bodens nicht rasch genug geschehen, so strömt sie mit großer Gewalt zurück, sobald die elektrische Spannung der Wolke sich durch einen Blitzschlag vermindert hat, und gibt so Veranlassung zu den wegen ihrer Gefährlichkeit bekannten Rückschlägen. Es springen dabei Funken über, zwischen Gegenständen, die mit der Erde in leitender Verbindung stehen, und höher gelegenen, von dieser isolirten Leitern.

Am 26. Mai d. J. wurden in dem Ort Seckenheim bei Mannheim zwei Kühe durch den Blitz getödtet. Der Stall, in dem dieselben standen, ist etwa 2,75 m hoch. Der Boden ist mit Cementplatten bedeckt. Die Decke ist geweißt und wird getragen von einer starken, eisernen T-Schiene, senkrecht zu dieser liegen in Abständen von etwa einem halben Meter schwächere eiserne Träger. Ein Meter von dem einen Ende des Hauptträgers entfernt ist in die Mauer ein eisernes Rohr eingelassen, aus welchem Wasser in die Tränke eingepumpt werden kann; der Brunnen ist etwa 1,5 m von der Stallwand entfernt. Der Raum über diesem Stall wird zum Trocknen und Aufbewahren von Tabak benutzt und ist daher nur aus Holzlatten erbaut. Das Gebäude ist mit Ziegeln bedeckt und etwa 12—14 m hoch, es ragt nicht über die umgebenden Gebäude hervor. Der ungefähr 12 m lange Stall ist durch nur aus Fachwerk bestehende Wände in einzelne Abtheilungen geschieden. Die beiden getödteten Stück Vieh befanden sich in verschiedenen Abtheilungen

---

[1] Ausführlicheres über die Frage des Anschlusses der Gas- und Wasserleitung an die Blitzableiter findet man in der vom Elektrotechnischen Verein herausgegebenen Broschüre: Die Blitzgefahr. Nr. 2. Berlin, Springer.

des Stalles, aber beide unmittelbar unter der großen T-Schiene. Neben der einen der beiden Kühe lagen zwei Knechte schlafend auf einem Bette, sie erhielten einen heftigen Schlag und wurden zur Seite geschleudert, aber nicht verletzt. Auf die Stallthüre scheint ein Seitenstrahl übergesprungen zu sein. Es waren an derselben einige Holzsplitter abgerissen; abgesehen davon ließen sich an dem Gebäude keine Beschädigungen nachweisen. Ich schließe aus diesem Umstand, daß wir es hier mit einem Rückschlage zu thun haben. Während desselben Gewitters schlug der Blitz mehrere Male im Orte ein. Der Unfall in dem Stall wäre wohl vermieden worden, wenn die T-Schiene in leitender Verbindung mit dem nach dem Brunnen führenden Rohr gestanden hätte.

Man könnte aus dem Gesagten den Schluß ziehen, daß auch die in die Häuser eingeführten Telegraphen resp. Telephon-Drähte oder die auf den Gebäuden angebrachten Ständer eine Gefahr mit sich bringen. Dem ist aber nicht so. Im Gegentheil übt das über die Städte hingespannte Netz von Telephon-Drähten eine schätzende Wirkung aus: es sind nämlich sowohl die auf den Dächern errichteten Ständer an Blitzableiter angeschlossen, als auch die in die Häuser eingeführten Drähte vor ihrer Einmündung in die Apparate in noch zu beschreibender Weise mit Blitzschutz-Vorrichtungen versehen. Um sich über den Schutz, den die Stadt-Fernsprechnetze gegen Blitzschlag gewähren, zu versichern, ließ die Reichspost-Verwaltung in den letzten Jahren eine Statistik über Blitzschäden anlegen und zwar wurden Aufzeichnungen gemacht an 340 Orten mit Stadt-Fernsprechnetzen und 560 ohne solche. Das Verhältniß der Gefährdung für Gebäude in Orten mit Stadt-Fernsprech-Einrichtung zu der für Gebäude in Orten ohne solche stellt sich auf 1 : 4,6. Zwar ist zu berücksichtigen, daß die Orte ohne Telephon-Netz überwiegend kleinere sind und solche an und für sich schon gefährdeter sind als Großstädte, aber das Verhältniß der Blitzgefahr für ländliche Orte zu dem für Städte ist höchstens 2:1, während wir hier 4,6:1 haben. In den untersuchten Orten wurden im Ganzen 94 Gebäude vom Blitz beschädigt, darunter nur eines, das einen Telephon-Ständer trug. Die Vorsicht wird immerhin erfordern, Telephon-Drähte nicht zu nahe an Rohrleitungen, besonders solche für Gas, heranzuführen. Auf jeden Fall müssen Gasleitungen an solchen Stellen aus Eisen bestehen und nicht aus Blei.

Elektrische Beleuchtungs-Anlagen bringen im Allgemeinen ebenso wenig Gefahr mit sich als die eben besprochenen Leitungen oder mit Blitzableiter versehene Gas- und Wasserleitungen. Eine größere Gefahr wäre nur dann vorhanden, wenn der Blitzableiter des Gebäudes in schlechtem Zustand ist, während die Beleuchtungs-Anlage an andern

Stellen mit bessern Blitzableitern versehen ist. Zur Vorsicht ist daher eine Verbindung der beiden Leitungen durch die noch zu besprechenden Telegraphen-Blitzableiter angezeigt. Für die Annäherung der Drähte an Gasleitungen gilt dasselbe, was ich oben bezüglich der Telephon-Leitungen gesagt habe.

Bäume, welche ein Gebäude überragen, können nicht unter allen Umständen als ein Schutz gegen Blitzschlag angesehen werden. Es ereignet sich nicht selten, daß Blitze vom untern Theil eines Baumes auf ein benachbartes Gebäude überspringen. Es empfiehlt sich daher, besonders wenn die betreffenden Bäume in trockenem Boden stehen, Metallringe um den untern Theil des Stammes zu legen und von diesen eine metallische Verbindung in das feuchte Erdreich oder, wenn das Gebäude einen Blitzableiter besitzt, nach diesem herzustellen.

Fassen wir das Gesagte zusammen: Auf allen erhöhten Punkten des Gebäudes, Schornsteinen, Erkern usw. sind Auffangstangen anzubringen. Dieselben sollen zugespitzt sein, doch sind Platin- oder vergoldete Kupferspitzen nicht nöthig. Zur Ableitung wählt man am besten verzinkte Eisenbänder oder breitgedrückte Röhren. Drahtseile empfehlen sich gar nicht wegen ihrer hohen Selbstinduction und weil sie den Angriffen des Wassers zu viel Oberfläche darbieten. Am vortheilhaftesten werden die Ableitungsstränge auf verschiedenen Seiten des Gebäudes herabgeführt. Pulvermagazine und dergl. sind mit einem möglichst dichten Netz von Leitungen zu überziehen. Scharfe Biegungen sowie das Aufrollen der Leitungsstränge in Spiralen sind möglichst zu vermeiden. Alle größern Metallmassen, auch das Innere der Schornsteine sind metallisch mit dem Blitzableiter zu verbinden. Die Erdplatte ist womöglich in einen Brunnen zu legen. Das Leitungsvermögen einer Blitzableiter-Anlage ist von Zeit zu Zeit einer Prüfung zu unterziehen. Man verbindet den einen Pol einer galvanischen Batterie mit der Auffangstange, den andern mit der Erde; vermittelst eines in die Leitung eingeschalteten Galvanometers läßt sich dann der Widerstand der Anlage bestimmen. In neuerer Zeit ersetzt man auch häufig die Batterie durch einen Inductions-Apparat, das Galvanometer durch ein Telephon, die Bestimmung des Widerstandes geschieht dann nach der Wheatstone'schen Methode. Unbedingt zuverlässig ist diese Prüfungs-Methode nicht. Der Strom, der das Galvanometer oder das Telephon beeinflußt, wird an manchen Stellen noch übergehen, an denen die Blitzentladung einen beträchtlichen Widerstand fände. Das Beste bleibt es immer, sich durch den Augenschein von der tadellosen metallischen Verbindung der einzelnen Theile der Leitung zu überzeugen.

Und nun noch wenige Worte über Blitzableiter zu speciellen Zwecken. Die Telegraphen-Blitzableiter bestehen aus zwei einander gegenüber gestellten, häufig geriesten oder mit Zacken versehenen Platten. Die eine derselben ist mit der Drahtleitung, die andere mit dem Erdboden leitend verbunden. Den beim Telegraphiren gebrauchten Strömen bietet eine Luftstrecke von weniger als einem Millimeter ein unüberwindliches Hinderniß, der Blitz dagegen wird den kürzesten Weg zur Erde nehmen und nicht durch die Apparate gehen. Nur der Form nach unterscheidet sich von dem eben beschriebenen Platten-Blitzableiter der folgende. Zwischen zwei Messingkegeln ist ein metallener Doppelkegel angebracht, der nur durch eine dünne Luftschicht von den beiden Kegeln getrennt ist. Die Messingkegel stehen mit den Hauptleitungsdrähten und den Apparaten in Verbindung, der Doppelkegel mit der Erde. Der Batteriestrom muß den Drähten folgen, der Blitz dagegen wird auf dem nächsten Weg durch den Metallkegel zur Erde fahren.

Schiffe sind Blitzschlägen naturgemäß in hohem Grade ausgesetzt, weil ja ihre Masten gewöhnlich in weitem Umkreis die einzigen hervorragenden Gegenstände sind. Von 1793 bis 1832 sollen nach einer Aufstellung des englischen Arztes Harris 250 Schiffe vom Blitze beschädigt worden sein. Allerdings hatte man schon 1762 angefangen, Schiffe mit Blitzableitern zu versehen, indem man bei einem drohenden Gewitter Ketten von den Mastspitzen in das Wasser herabhängen ließ. Diese Einrichtung erwies sich aber als in hohem Grade unpraktisch. Abgesehen davon, daß Ketten an und für sich schlechte Leiter sind, hingen sie gewöhnlich dann nicht im Wasser, wenn sie nöthig gewesen wären, und störten beim Manöveriren. Erst Harris erfand eine ebenso einfache als praktische Einrichtung. Auf seinen Vorschlag führte man längs der Masten Streifen aus Kupferblech herab, die in metallische Verbindung mit den Kupferplatten der Außenseite der Schiffswand gesetzt wurden. Diese Blitzableiter wurden von 1840 ab wenigstens auf den Kriegsschiffen der meisten Seemächte eingeführt. Auf den modernen Eisenschiffen hat der Blitzableiter keine besondere Bedeutung mehr.

10. Entstehung der Gewitter und begleitende Umstände.

Sehen wir zunächst von allen rein hypothetischen Erörterungen ab und lassen die Entstehung der Gewitter-Elektricität ganz aus dem Spiel, so ergibt sich als Resultat der Erfahrung, daß Gewitter vorzugsweise bei hoher Temperatur und hohem Dampfgehalt der Luft, das heißt bei sogenanntem schwülem Wetter, entstehen. Einer Erhöhung der Temperatur über normalen Stand entspricht daher stets eine Steigerung der Gewitterhäufigkeit. Man pflegt nach dem Vorbild des schwedischen Meteorologen Mohn die Gewitter einzutheilen in Wirbel- und Wärmegewitter. Die erstern sind die Begleiter tiefer barometrischer Minima; sie treten also bei dem Wetter auf, welche diese Minima mit sich bringen, d. h. bei trüber und stürmischer Witterung. Wärmegewitter entstehen in Folge der Ueberhitzung der untersten Luftschichten und in Folge des dadurch bewirkten labilen Gleichgewichts der Atmosphäre.

Ich glaube, daß man diesen Unterschied nur als einen qualitativen gelten lassen kann, denn die Entstehung der Gewitter ist stets, wie im Folgenden gezeigt werden wird, an eine eigenartige Luftdruckvertheilung geknüpft; der Vorderrand des Gewitters scheidet das Gebiet hohen Druckes und niederer Temperatur von einem solchen niedern Druckes und höherer Temperatur; auch die begleitenden Erscheinungen sind bei Wirbel- und Wärmegewittern dieselben, vor allem stellt sich vor dem Gewitter ein längeres Sinken des Luftdruckes ein, während derselbe mit dem Ausbruch des Gewitters rasch zu steigen beginnt. Wir müssen demnach auch bei Wärmegewittern das Vorhandensein einer Depression zugeben, nur tritt dieselbe auf unsern Isobarenkarten sehr wenig oder gar nicht hervor, weil dieselben den Luftdruck nur von 5 zu 5 mm angeben, während bei den Wärmegewittern die Luftdruckdifferenzen in aneinander grenzenden Gebieten viel geringer sind. Wie schwer es ist, die beiden Arten von Gewittern, abgesehen von extremen, oder wie v. Bezold sich ausdrückt, typischen Fällen, von einander zu trennen, geht schon daraus hervor, daß v. Bezold die großen sommerlichen Frontgewitter, die, von einer heftigen Gewitterböe begleitet, in Form eines langen, schmalen Bandes sich senkrecht zu dessen Längsrichtung vorwiegend ostwärts fortpflanzen, zu den Wärmegewittern zählt, während hingegen Probasta, und ich möchte mich seiner Meinung anschließen, diese zu den Wirbelgewittern rechnet. Ich verstehe demnach unter Wirbelgewittern solche, welche sich an Luftdruckminima anlehnen und in deren Gefolge größere Ländergebiete überziehen, während ich die räumlich eng begrenzten Gewitter, welche ihre Entstehung weniger ausgeprägten localen Depressionen verdanken, wie üblich als Wärmegewitter bezeichne. Es wird sich später zeigen, daß wenigstens die typischen Fälle der beiden Gewitterarten in der zeitlichen Vertheilung ihres Auftretens sich scharf von einander unterscheiden. Die Wirbelgewitter folgen naturgemäß der Zugstraße der barometrischen Minima, und da diese im allgemeinen nördlich von uns liegen, so treten in Teutschland die Wirbelgewitter abgesehen von der Nord- und Ostseeküste gegenüber den Wärmegewittern zurück, doch gibt es eine Zugstraße der Depressionen, welche Süddeutschland berührt. Auf ihr ziehen namentlich im Frühjahr und Herbst barometrische Minima aus der lombardischen Ebene über die Ostalpen, die Donauländer, Galizien bis hinauf nach Finnland. Diese Depressionen haben sehr häufig heftige Gewitterstürme, Niederschläge und Ueberschwemmungen im Gefolge, und sie verderben, wie der Tourist sagt, gewöhnlich auf längere Zeit hinaus das Wetter.

An einem Beispiel soll hier ein Wettersturz, wie eine Depression mit Wirbelgewittern ihn im Gefolge hat, geschildert werden. [1]

Am Morgen des 25. August 1890 lag nach Ausweis der Karte über dem Norden Europa's tiefer Luftdruck, eine secundäre Depression hatte sich über der oberen Po-Ebene und dem Golf von Genua ausgebildet. Ueber der pyrenäischen Halbinsel befand sich der Luftdruck in langsamem Steigen, und es hatten sich in Frankreich, Schweiz und Süddeutschland tiefe Temperaturen eingestellt, Morgens 7 Uhr 10° bis 12° C, wogegen auf der Ostseite der Depression das Thermometer einen sehr hohen Stand hatte. (Venedig 26°, Triest 27°, Ancona 30° C.) Im Laufe des Tages zog die Depression nordöstlich und lag am Morgen des 26. über Russisch-Polen, von dort erstreckte sich ein Gebiet tiefen Druckes sackförmig über Ungarn zur Adria zurück. Am Nachmittag des 25. erreichte das Temperaturgefälle von SE nach NW über den Ostalpen sein Maximum, in Untersteiermark stieg das Thermometer 2 h. p. bis auf 34° C, wogegen es in Bregenz auf 10°, München 11°, Ischl 14° stand. In der ganzen Grenzzone zwischen dem warmen Südosten und dem kühlen Nordwesten, also längs einer Linie, die sich aus den venetianischen Alpen über Osttirol, Kärnthen, Salzburg und Nord-Steiermark hinzog, tobten während 36 Stunden ungewöhnlich heftige Gewitter. Auch auf der Fortsetzung der Depressionsbahn, in Ober- und Niederösterreich, Mähren, Schlesien, Westgalizien traten solche auf. Die Niederschläge waren am reichlichsten auf der Nordwestseite der Zugstraße, im Gebirge fiel bis auf 900 m herab Schnee. Das Centrum des ausgedehnten Tiefdruckgebietes befand sich am Nachmittag des 25. August über der Provinz Perugia in Italien. Es bewegte sich rasch nach NE, und zwar so, daß es die Gegenden durchzog, in denen das stärkste Temperaturgefälle herrschte. Es hatte auf seiner ganzen Bahn den Ausbruch eines heftigen Sturmes zur Folge, der, wie bemerkt, auf der ganzen Strecke von Italien bis nach Mähren von Gewittern begleitet wurde. Der Sturm bewegte sich mit einer für Gewitterstürme ungewöhnlichen Schnelligkeit. Die Strecke von Pesaro (nordwestlich von Ancona) bis Wien wurde in 5¼ Stunden durchlaufen, was einer Ge-

---

[1] Nach K. Prohaska. Meteorol. Zeitschrift 1892. S. 161.

schwindigkeit von 107 Kilometer die Stunde entspricht. Auf der gan=
zen Strecke, die der Sturm durchlief, richtete derselbe großen Scha=
den an.

Es möge noch der typische Fall eines Wirbelgewitters geschildert
werden, wie dieselben die centralen Theile von Teutschland zu durch=
ziehen pflegen. [1]

Am 16. Juli 1884 lag im Nordwesten der britischen Inseln eine
ziemlich tiefe Depression, welche nach der Südwestseite hin durch die
Isobare für 760 mm begrenzt wurde. Ueber Frankreich lag eine se=
cundäre Depression, an deren Ostseite überall höhere Temperaturen
herrschten, z. B. 8 Uhr Morgens in Sylt 21° C, München und
Chemnitz 23°, Vlissingen 25°; um 2 Uhr Nachmittags Sylt 26°,
Chemnitz 29°, Kaiserslautern und München 31°, Wien 32° (stets
Celsius). Am Abend dieses Tages hatte sich bereits eine zweite secun=
däre Depression über Teutschland herausgebildet. Am Morgen des
17. Juli lag die Hauptdepression im Norden von Schottland und genau
im Süden derselben eine große Zunge niedern Druckes über Frank=
reich, eine zweite im Osten von Deutschland, südostwärts sich aus=
dehnend. Es war also die secundäre Depression über Frankreich am
Vormittag des 16. in zwei Theile zerfallen, von denen die östliche mit
großer Geschwindigkeit über ganz Teutschland hinweg nach ESE fort=
geschritten war. Gewitter fanden am 16. in Teutschland statt: 3¼ h.
Nachmittags in Wiesbaden, 4¼ h. p in Kassel, 5 h. p in Wilhelms=
haven und Bamberg, 6½ h. p in Hamburg und München, 7½ h. p in
Kiel, Magdeburg, Chemnitz; 10 h. p Berlin, 10½ h. p Swinemünde,
am 17. Juli 6½ h. Morgens in Neufahrwasser.

Es zeigt sich deutlich ein Fortschreiten der elektrischen Entladung
nach ESE, und es fiel die Front der Gewitter mit der Achse der
fortschreitenden Theildepression fast genau zusammen; die Temperatur in
Teutschland ging erst am 19. erheblich zurück, als die Hauptdepression
nach Osten weiterzog, gleichzeitig verwandelten sich die Gewitterregen
in ausgiebige Landregen.

Und nun zur Erklärung! Vorausgeschickt muß werden, daß wir
für die letzte Ursache der ganzen Erscheinung, das Auftreten der barome=
trischen Depressionen (Cyclone), überhaupt noch keine Erklärung haben,
dagegen können wir uns Rechenschaft geben von den Vorgängen, die sich
im Gefolge einer Depression abspielen und zu Gewitterbildung führen.
In Folge der großen Temperaturunterschiede an der Erde ist die
Luftdruckvertheilung in der Höhe eine andere als in den untersten

---

[1] Nach der Darstellung von Sprung, Lehrbuch der Meteorologie, S. 280 u. f.

Schichten; denn in den kalten dichten Luftsäulen nimmt der Luftdruck mit der Höhe rascher ab als in den warmen. Es wird daher
in den Grenzstreifen zwischen dem warmen und kalten Gebiet der Wind
in den obern Regionen dem Unterwind entgegengesetzt wehen, es wird
unten am Erdboden kalte Luft in das warme Gebiet einströmen und
die warme feuchte Luft daselbst heben, während in den obersten Regionen ein warmer Wind über die kalten Schichten hinwegzieht. Die
Folgen der Mischung der verschiedenen Luftschichten ist eine Abkühlung
der warmen Luft, und wenn diese letztere einigermaßen mit Feuchtigkeit
gesättigt ist, im Grenzgebiet das Eintreten von Niederschlägen mit Gewitter-
erscheinungen. Diese werden demnach weder im Centrum eines barometrischen Minimums noch eines Maximums auftreten, sondern in den Grenz-
gebieten zwischen beiden. „Flache, von einer größern Depression aus
vorgeschobene Theildepressionen mit kaum erkennbarem Centrum, wie sie
sich in den Isobarenkarten als sogenannte Gewittersäcke darstellen, flache
Furchen zwischen zwei Maximalgebieten, Rücken oder Zungen höhern
Druckes zwischen zwei Depressionen und zwar besonders zwischen flachen
ausgedehnten Depressionen sind die Gebiete, in denen bei genügender
Isolation die Wärmegewitter ihre Entstehung finden." [1]

Man vergleiche mit diesen Sätzen das, was ich im Eingang dieses
Abschnittes über die Entstehung der Gewitter gesagt, und man wird
finden, daß der Unterschied zwischen Wärme- und Wirbelgewittern nur
ein qualitativer ist.

Sohnke hat durch Vergleich der Temperaturangaben von Höhe-
stationen mit den gleichzeitigen Angaben der nächstgelegenen Thalstation
gefunden, daß wirklich, wie die Theorie es verlangt, vor Ausbruch eines
Gewitters die Temperaturabnahme für 100 m Höhendifferenz 1° C,
manchmal sogar darüber beträgt. In neuerer Zeit eigens zu meteorologischen Zwecken unternommene Ballonfahrten haben dieses Resultat bestätigt. Auch Aßmann, dem allerdings nur die geringen in Mitteldeutschland vorhandenen Höhendifferenzen (Harzgebirge, Thüringerwald)
zu Gebote standen, fand, daß an 91 % aller Gewittertage die Temperaturabnahme mit der Höhe eine übernormale war. Prohaska allerdings
glaubt, daß die Bedeutung des labilen Gleichgewichts-Zustandes für das
Zustandekommen von Gewittern überschätzt wird. Er fand an keinem Ge-
wittertag in Krain und Steiermark die Temperaturabnahme mit der
Höhe gleich 1° C für 100 m Erhebung; wohl aber beobachtete er umgekehrt, daß zwar labiles Gleichgewicht vorhanden war, aber trotzdem

---

[1] v. Bezold, Meteor. Zeitschrift 1892.

keine Gewitterbildung eintrat. Prohaska sieht die Ursache des vor dem Ausbruch eines Gewitters unzweifelhaft vorhandenen aufsteigenden warmen Luftstrome in den an der Grenze eines Tief- und Hochdruckgebietes in den untersten Schichten ostwärts dringenden kalten Luftstromes, während nach v. Bezold, Sohnke und andern dieser seitlich eindringende kalte Luftstrom erst eine Folge des Aufsteigens der überhitzten warmen Luft ist. Eine Entscheidung der Frage, welches von den beiden Phänomenen das primäre und welches das secundäre ist, werden erst weitere Beobachtungen, insbesondere an selbstregistrirenden Instrumenten bringen können.

Gewitterherde sind in Baiern, wie aus den 15 jährigen genauen Aufzeichnungen hervorgeht, die sumpfigen Niederungen zwischen Würm- und Ammersee einerseits, dem Gebirge anderseits. Einen zweiten Gewitterherd bildet in Süddeutschland die Rheinebene. Es ist ohne weiteres einzusehen, daß diese Gegenden leicht einen aufsteigenden warmen feuchten Luftstrom zu Stande kommen lassen.

Mögen wir es nun mit einem Wärme- oder Wirbelgewitter zu thun haben, Vorbedingung für die Entstehung eines Gewitters ist stets das Vorhandensein eines aufsteigenden, warmen, mit Feuchtigkeit gesättigten Luftstromes.

Verfolgen wir nun dessen Weg. Je weiter der Luftstrom in die Höhe gelangt, desto mehr muß seine Temperatur sinken. Nicht nur, daß die ihn umgebende Luft mit zunehmender Höhe kälter wird, er wird sich auch selbst abkühlen müssen; denn mit dem abnehmenden Druck dehnen sich die Luftmassen aus, und diese Arbeitsleistung vollzieht sich auf Kosten der Wärme. Die Abkühlung schreitet mit dem Aufsteigen fort, bis der Thaupunkt erreicht ist, d. h. diejenige Temperatur, bei welcher das vorhandene Wasser nicht mehr in dampfförmigem Zustand existiren kann, sondern sich in Form von Wassertröpfchen niederschlagen muß. Ist dieser Punkt erreicht, so beginnt mit der Condensation des Wasserdampfes die Bildung der Cumuluswolke. Mit der Entstehung dieser hat die weitere Abkühlung des aufsteigenden Luftstromes vorläufig ihr Ende erreicht; die durch die Condensation des Wasserdampfes freiwerdende Wärme bewirkt ein weiteres Aufsteigen der feuchten Luftmassen, und so thürmen sich, wie wir es vor dem Ausbruch eines Gewitters stets beobachten können, die Cumuluswolken immer höher aufeinander.

Die Condensation des Wasserdampfes ist indessen, wie Aitken gezeigt hat, an das Vorhandensein von Staubtheilchen geknüpft. Völlig staubfreie mit Wasserdampf gemengte Luft kann weit unter ihren Thaupunkt abgekühlt werden, ohne daß der Wasserdampf sich in Tröpfchenform ausscheidet. Es läßt sich mikroskopisch nachweisen, daß jedes der im Nebel vorkommenden Wassertröpfchen ein winziges Staubkernchen enthält. Wenn in der Atmosphäre die nöthigen Staubkernchen nicht in genügender Zahl vorhanden sind, so wird ebensogut wie in unsern Laboratorien der Fall eintreten können, daß die betreffenden Luftmassen sich übersättigen, d. h. daß der Wasserdampf sich nicht condensirt, obschon die Temperatur unter den Thaupunkt gefallen ist. In Gegenden, wo die Luft mit Staub und Ruß überladen ist, kann ein solcher Zustand nicht eintreten. Die Nebel sind dort häufiger, man denke nur an die berüchtigten Londoner Nebel. Vielleicht erklärt sich durch das eben Gesagte auch der Umstand, daß nach Hellmann Gewitterregen im Westen Berlins häufiger sind als im Osten. Die von West- und Südwest herziehenden übersättigten Luftmassen geben ihr Wasser in Form von Regen ab, sobald sie in den Dunstkreis der Großstadt kommen, um dann von ihrem überschüssigen Wassergehalt befreit, nach Osten weiter zu ziehen.

Völlige Staubfreiheit ist in der Atmosphäre aber niemals vorhanden, so wird sich denn der in dem aufsteigenden Luftstrom vorhandene Wasserdampf condensiren, sei es wenn der Thaupunkt erreicht ist, sei es erst in höhern Schichten des Luftmeeres bei einer Temperatur unterhalb des Thaupunktes. Die condensirten Wassermassen wird der aufsteigende Strom mit sich in die Höhe reißen, bis er dieselben bei dem Fortschreiten der Condensation nicht mehr zu tragen vermag, und das ausgeschiedene Wasser herabstürzt, d. h. das Gewitter zum Ausbruch kommt. Wie die enorme Mächtigkeit der Gewitterwolken zeigt, kann das Wasser weit über seinen Condensationspunkt hinaus in Form von Tröpfchen mitgerissen werden, ja meistentheils wird die Ausscheidung von Niederschlägen erst in Höhen erfolgen, in denen die Temperatur weit unter 0° liegt. Daß auch bei Temperaturen unterhalb des Gefrierpunktes Wasser noch in flüssiger Form in der Atmosphäre existiren kann, ist mehrfach nachgewiesen. Aßmann fand im Januar 1885 auf dem Brocken, daß die Wolken-Elemente noch bei —10° C aus flüssigen Wasserkügelchen bestanden, von Eiskrystallen war keine Spur zu sehen.

Lieutenant Groß gibt in der Beschreibung seiner am 19. Juni 1889 unternommenen Ballonfahrt an, daß die Nebeltheilchen der Wolken auch bei —7° C nicht gefroren waren. „Erst beim Ansetzen an die Kleider und das Tauwerk des Ballons erstarrten sie zu Reif und bildeten um die Instrumente eine Eiskruste von milchigem Aussehen."

Das unter seinen Gefrierpunkt erkaltete Wasser kann sich nicht weiter abkühlen, ohne endlich zu erstarren. Anlaß dazu gibt vielleicht eine seitlich eindringende Luftströmung oder das Herabfallen von Eiskrystallen aus höhern Schichten der Atmosphäre. Bei dem Erstarren des Wassers wird Wärme frei. Dieselbe bewirkt zunächst eine momentane Steigerung des Druckes, dann aber Ausdehnung der Luftmassen und damit einen neuen Auftrieb. Auf diese Weise glaubt v. Bezold die leicht zu beobachtenden eigenthümlichen Auftreibungen der Gewitterwolke, das Vorschießen neuer Cumulusköpfe, sowie die eigenartigen Bewegungen in der Wolke, von denen ich hier noch einige Beispiele geben will, erklären zu können. Lieutenant Groß berichtet über derartige Erscheinungen an der vorhin genannten Stelle: „9 h 51 trat der Ballon in eine Wolke. Die Temperatur sank schnell unter den Gefrierpunkt herab, die Korbleinen, unsere Uniformen und Bärte bereisten, das nasse Thermometer fror ein, das trockene bedeckte sich beim Schleudern mit einer dicken milchigen Eiskruste. Gleichzeitig wurden wir durch den in der Wolke tobenden Wirbelwind erfaßt, durch den der Ballon, bisher ein Urbild der Ruhe, hin und her geschleudert wurde. Die Nebelschichten der Wolke rasten wild durcheinander um uns herum." Bei der Beschreibung derselben Fahrt berichtet Herr Groß ferner: „In der großen Cumuluswolke war, wie ich dies fast stets gefunden, ein wirbelartiger Wind, welcher die einzelnen Theile der Wolke in wilder Jagd durcheinander trieb. Dieser Wirbel ist häufig so stark, daß der Ballon dadurch in geradezu gefährliche Schwankungen gerathen kann. Ich entsinne mich zweier Fahrten, wo wir uns auf den Gondelboden kauerten und krampfhaft an den Gondelleinen anklammern mußten, so stark waren die Schwankungen des Ballons, in welchen der Wind eine Delle eindrückte und eine unheimliche Musik durch sein Sausen hervorrief." Ebenso äußert sich Hauptmann Hörnes über eine am 3. September 1888 gegen 4 Uhr Nachmittags ausgeführte Fahrt: „In circa 800 m Höhe dahinschwebend, sahen wir mit drohender Schnelligkeit eine schwarze Wolke uns nacheilen, die uns schon nach wenigen Augenblicken aufnahm und in ein undurchdringliches Grau hüllte. Dabei stieg der Ballon fortwährend über seine Gleichgewichtslage hinaus, von einem Wirbelsturm emporgerissen. Nach ungefähr zwei Minuten Dauer begann die Gondel so stark zu schaukeln, daß wir uns mit beiden Händen an die Haltestricke anklammern mußten, um nicht herausgeschleudert zu werden. Dabei bedeckte sich unser Bart mit dichten Eisnadeln und heftiger Frost stellte sich ein, der unsere Glieder erstarrte. Zum Glück dauerte die ganze Affaire nicht länger als 20 Minuten."

Aehnliche Beobachtungen machten die Herren Feilitzsch, Finsterwalder und v. Sigsfeld, als sie am 25. Juni 1890 11 Uhr Vormittags von München aufstiegen. „Während der Fahrt waren die atmosphärischen Bedingungen derart, daß eine Reihe auf= und absteigender Luft-

ströme einander ablöste, was sich in lebhafter Cumulusbildung, in ver-
einzelten Regenschauern und in verschiedenen Vorkommnissen während
der Fahrt selbst bemerkbar machte." In einer Meereshöhe von 1400 m
durchschnitt der Ballon die untere Wolkengrenze, in der Beschreibung
der Fahrt heißt es dann weiter: „Ein düsteres Nebelmeer, durch dessen
Lücken grüne Fluren, Straßen und Häuser heraufblickten, wogte im
Schatten der Wolkenberge unter uns, in rascher Folge schossen traubig
geformte Ballen in korkzieherartigen Windungen empor, die bald wie in
Parade still stehen, bald vom Winde zerzaust, in kurzer Frist zer-
stieben. [1]

Auf die Rolle, welche diese heftigen Bewegungen in der Gewitterwolke bei der Hagelbildung spielen, werde ich später zu sprechen kommen.
Hier genügt es darauf hinzuweisen, daß das unter seinen Gefrierpunkt
erkaltete Wasser sich zunächst in Eistheilchen verwandelt, diese werden aber
geschmolzen sein, ehe sie den Erdboden berühren. Die großen Tropfen,
die manchmal beim Ausbruch eines Gewitters fallen, machen vollständig
den Eindruck, als ob sie von geschmolzenen Eiskörnern herrührten.

Hat die Niederschlagsbildung in der Wolke einmal begonnen, so
wird die aufsteigende Bewegung der Luft vom ersten Centrum aus nach
jener Richtung weitergreifen, in welcher labiles Gleichgewicht vorhanden war. So schreitet von einem Centrum aus das Gewitter weiter.

Nach v. Bezold ist es also die bei der Condensation und Erstarrung
des Wasserdampfes frei werdende Wärme, welche den Auftrieb der Wolke
als Ganzes und die Wirbelbewegung innerhalb derselben bedingt. Ist
das richtig, so muß die Temperatur innerhalb der Wolke höher sein als
in der sie umgebenden Luft. Ob dem so ist, das ist eine Frage, welche
die auch eigens zu meteorologischen Zwecken angestellten Ballonfahrten
noch nicht zu lösen vermochten. Einige Beobachtungen scheinen für,
andere gegen die v. Bezold'sche Annahme zu sprechen. Mehrfach wurde
beobachtet, daß die Atmosphäre unmittelbar über der Wolke wärmer ist,
als diese selbst. Es erklärt sich diese Erscheinung durch die starke Re-
flexion der Wärmestrahlen an der obern Begrenzungsfläche der Cumuluswolke. Man wollte auch schon beobachtet haben, daß Hagelwolken
längs eines Berges hinziehen, während auf der Spitze desselben eine
Temperatur herrscht, die mehrere Grade über dem Gefrierpunkt liegt.
Man glaubte aus diesen und ähnlichen Beobachtungen, den Schluß
ziehen zu dürfen, daß innerhalb der Wolke sich Wärme in Elektricität
umsetzt, aber erstens können wir uns keine Vorstellung davon machen,

---

[1] Dieses und die vorangehenden Citate sind entnommen aus „L. Sohnke, Gewitter-
studien auf Grund von Ballonfahrten". München 1894.

in welcher Weise dieser Proceß vor sich gehen sollte, und zweitens sind die betreffenden Beobachtungen auch nicht einwandfrei.

Immerhin ist der Umstand, daß schon mehrfach innerhalb einer Gewitterwolke tiefere Temperaturen als außerhalb derselben beobachtet wurden, für Viele die Veranlassung gewesen, die v. Bezold'sche Theorie zu verlassen und der Elektricität eine größere Rolle bei der Bildung der Gewitterwolke zuzuschreiben. So glaubt Mühri das Anschwellen der Cumuli, das Wachsen aus sich selbst heraus durch die gegenseitige Abstoßung der elektrisirten Wassertheilchen erklären zu können. Mit den Wasserbläschen würden auch die Lufttheilchen auseinander getrieben, und die Abkühlung in der Wolke wäre eine Folge der Ausdehnung; daß stark elektrisirte Wassertheilchen sich gegenseitig abstoßen, hat Lord Rayleigh experimentell nachgewiesen. Der Versuch ist leicht zu wiederholen. Es genügt, einem aus einer feinen Spitze ausströmenden Wasserstrahl eine an Wolle geriebene Siegellackstange zu nähern, und der Strahl wird sich in feine Tropfen auflösen. Entfernt man die Harzstange, so fließen die letztern wieder zu schweren Tropfen zusammen. Vielleicht erklärt dieses Experiment auch die Erscheinung, daß unmittelbar nach einem Blitzschlag, also einem Ausgleich der elektrischen Spannung, schwere Tropfen zur Erde fallen.

Die oben erwähnten heftigen Wirbelbewegungen innerhalb der Gewitterwolke auch durch elektrische Abstoßung erklären zu wollen, dürfte meines Erachtens schwer fallen. Prohaska[1]) macht indessen auf eine andere Erklärungsweise aufmerksam, die mir recht plausibel erscheint. Die Condensation des Wasserdampfes sowohl als auch die elektrische Abstoßung der Wasser= oder Lufttheilchen bewirken eine Luftverdünnung innerhalb der Wolke, die Folge davon ist ein seitliches Zuströmen von Luft in radialer Richtung. Die geringste Störung des Gleichgewichts ruft eine rotirende Bewegung hervor, wie wir dieselbe an den Sandwirbeln auf der Erdoberfläche oft genug wahrnehmen können. Hat sich ein solcher Wirbel einmal ausgebildet, so wird die Temperatur und mit ihr die weitere Condensation des Wasserdampfes von den Bewegungen des Wirbels, der Ausdehnung der mit ihm rotirenden Luftmassen abhängig sein. Die Abkühlung in Folge der Ausdehnung kann die Condensationswärme vollständig aufheben, unter Umständen zur Bildung von Hagel Veranlassung geben.

Eine Entscheidung zwischen den verschiedenen Theorieen kann nur die Beantwortung der Frage bringen, ob das Innere der Gewitterwolke

---

[1]) Prohaska, K., Bemerkungen über Gewitter. Jahresbericht des k. k. Staatsgymnasiums in Graz. 1894.

wärmer oder kälter als die umgebende Luft ist. Ist das letztere richtig, so fällt damit die v. Bezold'sche Theorie; ist das erstere richtig, so bietet sie die bis jetzt einzige Erklärung des Aufsteigens der Gewitterwolke in die Regionen niederer Temperatur herein.

Ich fasse das Gesagte noch einmal kurz dafür zusammen: Die Entstehung eines Gewitters ist geknüpft an das Vorhandensein eines aufsteigenden, warmen, feuchten Luftstromes. Bei seinem Aufsteigen kühlt sich dieser ab, das Wasser scheidet sich in Bläschen aus, es entsteht die Gewitterwolke, diese kann eine Mächtigkeit von mehrern tausend Meter erreichen. Durch Strömungen innerhalb der Wolke, deren Ursache noch nicht genügend aufgeklärt ist, können die Wassertröpfchen in flüssiger Form in Höhen hinauf gerissen werden, deren Temperatur weit unter 0° liegt. Doch schließlich kann der Luftstrom die mitgeführten Wassermassen nicht mehr tragen, es treten Niederschläge ein, sei es in Form von Graupeln oder der von Regen, und mit den Niederschlägen beginnt das Gewitter. Unaufgeklärt bleibt noch der Ursprung der Gewitterelektricität. Auf eine der vielen Theorieen werde ich in dem folgenden Abschnitt näher eingehen; ich wende mich jetzt zu einer Besprechung des Ganges der meteorologischen Elemente während eines Gewitters.

Vor Ausbruch des Gewitters sinken Luftdruck und relative Feuchtigkeit, und es steigt die Temperatur derart, daß die beiden erstern ein Minimum, und die letztern ein Maximum im Moment des Losbrechens des Gewitters erreichen. Hierauf steigt der Druck und die relative Feuchtigkeit rasch, es fällt die Temperatur und oft erreichen die beiden erstern ein Maximum und letztere ein Minimum am Ende des Gewitters. Der Gang der Temperatur ist also genau umgekehrt wie die der relativen Feuchtigkeit und des Druckes. Eine Ausnahme machen die Nachtgewitter, bei deren Ausbruch auffallender Weise die Temperatur steigt. Die Windstärke ist vor dem Gewitter gering oder beinahe Null, wächst rasch mit dessen Eintritt, erreicht ein Maximum am Ende des Gewitters oder kurz nachher und sinkt hernach wieder rasch. Bei Nachtgewittern sind namentlich in tiefern Schichten der Atmosphäre die Schwankungen der meteorologischen Elemente weniger ausgeprägt als am Tage.

Die ein Gewitter begleitenden Niederschläge fallen, wie bekannt, in tiefern Regionen in der Hauptsache als Regen, im Hochgebirge als Schnee. Selbst im Juni und Juli schneit es in den Alpen bis zu Höhen von 1000 m herab. Oft fällt zuerst Regen, dann Schnee, wodurch bestätigt wird, daß auch in der Höhe den Gewittern hohe Temperaturen vorangehen und niedrige folgen. Ob die Temperatur beim Ausbruch eines Gewitters dadurch herabgedrückt wird, daß die in den obern

Regionen entstandenen Hagelkörner beim Herunterfallen wieder schmelzen, ist zur Zeit noch eine offene Frage.

Nach dem, was oben über die Entstehung der Gewitter gesagt wurde, müssen die Regenniederschläge als eine wesentliche Begleiterscheinung der Gewitter angesehen werden; sie treten dabei in solcher Intensität auf, daß ein einziger heftiger Gewitterregen in Mitteleuropa ein Zehntel bis ein Fünftel der ganzen Jahresregenmenge liefern kann.

Indessen sind schon mehrfach, wenn auch selten, auch in Deutschland Gewitter beobachtet worden, während deren kein Tropfen Regen fiel. Diese Gewitter zeichnen sich meistentheils durch starken Blitzreichthum aus, sie scheinen der Abschluß einer Periode trockenen und sehr heißen Wetters zu sein. Diese letztere Thatsache hat schon zu der Vermuthung geführt, daß der während eines solchen Gewitters in den obern Regionen ent-standene Niederschlag in den untern sehr trockenen Schichten sich wieder in Dampf auflöse. Daß derartige Vorgänge thatsächlich schon eingetre-ten sind, steht fest; ob es auch während der regenlosen Gewitter der Fall war, erscheint fraglich, angesichts des Umstandes, daß der beob-achtete Reichthum an elektrischen Entladungen eine solche Intensität der Niederschläge erwarten läßt, daß deren Aufsaugung in den untern Luft-schichten wenig wahrscheinlich ist.

Was ich oben über den Gang von Luftdruck und Temperatur während eines Gewitters gesagt habe, ist nur ein anderer Ausdruck für den früher aufgestellten Satz, daß das Gewitter eine Zone niedern Druckes und höherer Temperatur von einer solchen höhern Druckes und niederer Temperatur trennt.

Ferrari, der diese Verhältnisse sehr eingehend untersucht hat, drückt sich folgendermaßen aus: „Jedes Gewitter tritt mit einer kleinen, 1 bis 2 mm tiefen, barometrischen Depression auf, in deren hinterm Theil es verbleibt. Jedem Gewitter entspricht eine kleine thermische Depression, in deren vorderm Theil es sich befindet. Dieses kalte Gebiet ist immer mit einem thermischen Maximum verbunden, welches sich vor ihm befindet. Das Gewitter ist daher da, wo das kalte Gebiet mit dem warmen in Berührung kommt. Das kalte Gebiet nimmt die ganze von dem Gewitter durchzogene Region ein: wenn jedoch das Gewitter fortschreitet, steigt die Temperatur wieder. Die Temperaturdifferenz zwischen der warmen und kalten Zone ist bedeutend, sie kann besonders bei Hagelgewittern bis auf 10^0 C stei-gen. Jedes Gewitter ist mit einer hygrometrischen Depression verbun-den, in deren hinterm Theil es sich befindet."

Bei der geringen Tiefe der Depressionen, welche Gewittern voran-gehen, 1 bis 2 mm, muß man sich vor der Annahme hüten, als ob das Auftreten der letztern an besonders niedere Barometerstände geknüpft

wäre, im Gegentheil treten in Deutschland Gewitter vorwiegend an solchen Tagen auf, an welchen der Barometerstand dem normalen sehr nahe kommt. Selten sind sie dagegen allerdings, wenn das Barometer seinen normalen Stand um mehr als 5 mm überschritten hat.

11. Atmosphärische Elektricität und Sohnke's Erklärung der Gewitter-Elektricität.

Franklin hat durch seinen berühmt gewordenen Versuch den Nachweis erbracht, daß die Luftschichten, welche Gewitterwolken umgeben, elektrische Wirkungen ausüben; es läßt sich aber leicht zeigen, daß unsere Atmosphäre stets, nicht nur vor dem Gewitter, mit mehr oder weniger Elektricität geladen ist. Verbinden wir den Knopf des Goldblatt-Elektroskops mit einer isolirten, im Freien aufgestellten Spitze, oder besser Flamme, so zeigt uns das Auseinandergehen der Blättchen das Vorhandensein der Elektricität an. Nähern wir dem Instrument eine geriebene Harzstange, so werden wir in den meisten Fällen die Blättchen wieder zusammenfallen, bei Annäherung einer an Seide geriebenen Glasstange dagegen wieder auseinandergehen sehen. Das Zeichen der atmosphärischen Elektricität ist also meistens positiv und zwar stets bei heiterm und bewölktem trockenem Wetter. Nach Palmieri ist negative Elektricität der Luft sogar ein Zeichen, daß in der Umgebung des Beobachtungsortes Niederschläge fallen. Doch ist dieser Satz nicht umkehrbar, und man kann daher das Elektroskop nicht, wie schon versucht worden ist, zur Wetter-Prognose verwenden. Die atmosphärische Elektricität hat eine regelmäßige, tägliche und jährliche Periode und erweist sich im hohen Grade abhängig vom Gehalt der Luft an Wasserdampf. Das Maximum der elektrischen Differenz zwischen Luft und Erdboden fällt in die Zeit von 9—10 Uhr Vormittags und ein zweites, etwas niedrigeres zwischen 3 und 6 Uhr Nachmittags, das Minimum tritt ein vor Sonnenaufgang. Diese Kurve flacht sich, wie man aus den Aufzeichnungen auf dem hohen Sonnblick und andern Bergstationen ersieht, in den obern Luftschichten ganz bedeutend ab. Schon auf dem Eiffelthurm sind statt der zwei Maxima nur noch ein einziges gegen Mittag vorhanden. Im Winter ist die elektrische Spannung zwischen Erdboden und Luft viel größer als im Sommer; sie kann an trockenen kalten Tagen einen ganz beträchtlichen Werth erreichen. Bei bedecktem Himmel und besonders bei dem Fallen von Niederschlägen treten Störungen des normalen Ganges der Luft-Elektricität ein, deren Ursache zu ergründen bisher noch nicht gelungen ist. Ebenso wenig kann man sich Rechen= schaft über den Ursprung der Luft=Elektricität geben; die verschiedensten Theorieen sind schon aufgetaucht, einige Forscher dachten an den Ver= dampfungs=Proceß oder umgekehrt an die Condensation des Wasser= dampfes, wieder andere an die Reibung von Luft und Eis oder an Thermoströme. Holtz und Werner Siemens glaubten an eine elektrische Fernwirkung der Sonne; alle Hypothesen haben sich jedoch als unhaltbar erwiesen. Sohnke hat eine Theorie aufgestellt, welche wenigstens die Entstehung der Gewitter=Elektricität befriedigend erklärt, dagegen ist sie meines Erachtens nicht im Stande, eine ausreichende Begründung der Erscheinungen der Schönwetter=Elektricität zu geben. Trotz dieses Mangels und einiger anderer minder erheblichen Bedenken, die sich gegen die Sohnke'sche Theorie erheben lassen, will ich auf dieselbe näher eingehen, da sie sich den übrigen, bei Ausbruch eines Gewitters beobachteten Er= scheinungen in befriedigender Weise anschließt.

Sohnke geht aus von der Faraday'schen Entdeckung, daß bei gegenseitiger Reibung von Wasser und Eis ersteres negativ, letzteres positiv elektrisch wird. Der Faraday'sche Versuch wurde von ihm in folgender Form wiederholt. Ein Hahn mit weiter Bohrung schließt ein Gefäß mit verdichteter Luft ab. Wird der Hahn schnell geöffnet, so strömt die Luft plötzlich aus und kühlt sich bei der Ausdehnung ab, in Folge dessen verdichtet sich der beigemengte Wasserdampf zu Tröpfchen, es tritt Nebelbildung ein und zwar, wie früher schon hervorgehoben, um so leichter, je staubhaltiger die Luft ist. Den mit Nebeltröpfchen gesättigten Luftstrom ließ nun Sohnke gegen ein isolirt aufgestelltes Eisstück stoßen. Vermittelst eines metallischen, mit einem Elektrometer verbundenen Auffangekamms, welcher dem Eisstück rasch genähert werden konnte, wurde die positive Elektricität des letztern zu einem Elektrometer geleitet. Die Elektrisirung unterblieb, wenn der Luftstrom keine Wasser= tröpfchen mit sich führte.

Nun ist, wie ich oben bemerkte, die Entstehung eines Gewitters stets an die Existenz eines aufsteigenden, und ich hätte hinzufügen können, mit Wasserdampf nahezu gesättigten Luftstromes geknüpft. Dies ein Mal zugegeben, läßt sich auch die Elektricitäts-Erregung durch Reibung von Eis und Wassertröpfchen vor Ausbruch eines Gewitters nicht in Abrede stellen. Den obern Rand der Gewitterwolken bilden die Cirrus= Wolken, und ich habe oben darauf hingewiesen, daß nach Aßmann jedem Gewitter das Auftreten eines Cirrus=Schirmes vorangeht. Cirrus= Wolken aber bestehen, wie die Beobachtung der durch sie um Sonne und Mond gebildeten Lichthöfe lehrt, in der Hauptsache aus Eiskry= stallen. Bei den verschiedenen Ballonfahrten, die in letzter Zeit zu meteorologischen Zwecken unternommen wurden, ist zwar die Region, in der Eistheilchen und Wassertröpfchen neben einander existiren, nicht erreicht worden, wohl aber hat man auch im Hochsommer schon in Höhen zwischen 2000 und 3000 m Luftschichten erreicht, in denen die Temperatur erheblich unter 0° lag. Das vorhandene Wasser war also überkaltet. Die Region, in der sich Eis bilden muß, kann nicht mehr hoch über den eben bezeichneten Schichten liegen, denn wenn die Wassertropfen nicht gefrieren, fällt jeder Anlaß zur Wärme-Erzeugung innerhalb der Wolke weg. Dieselbe kühlt sich im Gegentheil bei weiterm Aufsteigen ab, und es wird bald ein Punkt erreicht sein, von dem an der Wasserdampf sich direct in Eis verwandelt. Bei den nachgewiesenermaßen sehr heftigen Bewegungen, die innerhalb der Gewitterwolke stattfinden, ist die von der Theorie verlangte Reibung von Wasser an Eisstückchen hiermit gegeben. Dem entspricht vollkommen auch der äußere Anblick der Gewitterwolken. Der Gipfel derselben ist stets mit einem Cirrus-Schleier umgeben. Die Höhe dieser „falschen Cirri", wie man sie im Gegensatz zu den hoch schwebenden Federwölkchen nennt, ist eine abnorm niedrige. Ihre Bildung erklärt sich, wie eben auseinandergesetzt, durch die Abkühlung der Wasserwolke in Folge des Aufsteigens; man kann aber auch annehmen, daß Wasser an der Oberfläche der aufsteigenden Wolke verdampft und sich wieder zu Frostnebeln condensirt, wie dies im Winter über offenem Wasser geschieht. Die von unten nachdringenden Wassermassen reiben sich an den entstandenen Eiswolken und geben so Veranlassung zur Entstehung von freier Elektricität.

Es schlägt sich aber auch, wie später eingehender dargelegt werden soll, ein Theil des in den Wolken enthaltenen Wassers als Eis auf den schon vorhandenen Eistheilchen nieder, besonders wenn der aufsteigende Luftstrom schon stark überkaltet ist. In Folge ihres auf diese Weise zunehmenden Gewichtes fallen die Eiskörner als Hagel zu Boden und geben durch ihren Fall Anlaß zur Reibung von Eis und Wasser und damit zur Entstehung von Elektricität.

Die Ursache des aufsteigenden Luftstromes sieht Sohnke in dem vor dem Gewitterausbruch vorhandenen labilen Gleichgewicht der Atmosphäre.

Es geht aus dem, was ich oben über die Entstehung der Gewitter gesagt, hervor, daß die von Sohnke gemachten Voraussetzungen fast ausnahmslos erfüllt sind, insbesondere kann an der abnorm niedrigen Lage der Cirrus-Wolken beim Ausbruch eines Gewitters, an dem Nebeneinanderexistiren von Eiskörnern und Wasser und an deren gegenseitiger Reibung kaum gezweifelt werden: ist es doch sogar nicht unwahrscheinlich, daß mit jedem Gewitter der Fall von Hagel verbunden ist, wenn dieser sich auch in den untern Luftschichten wieder zu Wasser auflöst. Der von der Sohnke'schen Theorie geforderte aufsteigende Luftstrom ist unzweifelhaft vor jedem Gewitter vorhanden; mag er nun sein Dasein, wie es meistens der Fall sein wird, dem gestörten labilen Gleichgewicht der Atmosphäre oder irgend einer andern Ursache verdanken.

Eingewendet kann, wie ich schon eingangs bemerkte, gegen die Sohnke'sche Theorie werden, daß sie von den Veränderungen des elektrischen Zustandes der Atmosphäre bei heiterm Himmel nicht in genügender Weise Rechenschaft geben kann. [1]

12. Ausbreitung und Form der Gewitter.

Klarheit über diesen Punkt besitzen wir erst, seitdem in einer Reihe von Ländern ein Netz freiwilliger Gewitter-Beobachtungs-Stationen in's Leben gerufen wurde. Den ersten Anstoß hierzu gab Leverrier in Frankreich 1865, die von ihm geschaffene Organisation wurde bald nachgeahmt: in Norwegen, Schweden, Rußland, Belgien, Italien, 1879 in Baiern, 1880 in Sachsen.

In Baiern schuf v. Bezold eine für Deutschland mustergültig gewordene Einrichtung. Die Beobachter, die sich hauptsächlich aus dem Stande der Lehrer, Geistlichen, Forstbeamten, Technikern recrutiren, tragen ihre Beobachtungen nach einem vorgedruckten Schema auf Postkarten ein und senden diese sofort an die Centralstelle. Auf diese Weise läßt sich das Entstehen und Fortschreiten eines Gewitters genau verfolgen. In den meisten Fällen bilden sich Gewitter gleichzeitig an mehrern Punkten, oft längs einer geraden Linie, oft aber auch an unregelmäßig zerstreuten Orten. Sie ziehen dann von den verschiedensten Richtungen her einem Punkte zu, um sich von diesem aus in einer Richtung weiter zu bewegen. v. Bezold verbindet die Orte, an denen gleichzeitig der erste und ebenso die, an denen gleichzeitig der letzte Donner gehört wurde, durch Isobronten ($\beta\rho o\nu\tau\acute{\eta}$ = Donner) und erhält so Zeichnungen des Gebietes, auf dem gleichzeitig das Gewitter tobte.

Die gewöhnliche Form der gleichzeitig von einem Gewitter überzogenen Fläche ist die eines langen Streifens oder eines Kreis-Sectors.

---

[1] Als Vorstehendes schon gedruckt war, ging mir eine Arbeit von E. Kircher zu, welche eine der anscheinend schwerwiegendsten Einwendungen gegen die Sohnke'sche Theorie widerlegt.

In den meisten Fällen strahlt das Gewitter von einem Punkt aus, seltener ist das Bestreben mehrerer Gewitter, sich auf einen Punkt zu concentriren. Unter den Gewittern, welche die Form eines Kreis-Sectors haben, gibt es manche, doch wenige, welche eine mehr oder weniger vollständige Kreisfläche überziehen, so daß also das Gewitter strahlenförmig von einem Punkt aus ausgegangen ist. Häufig verlieren solche Gewitter im Fortschreiten ihre Form und verwandeln sich in lange, schmale Streifen, in denen längs einer Mittellinie die größte Intensität herrscht. Diese Streifen stehen senkrecht auf der Fortpflanzungs-Richtung des Gewitters. Die Tiefe eines solchen Streifens beträgt in Süddeutschland im Mittel 37 km; da die Fortpflanzungs-Geschwindigkeit per Stunde etwa eben so groß ist, beträgt die durchschnittliche Dauer eines Gewitters bei uns etwa eine Stunde, in Italien und den Ostalpen etwas mehr, nämlich 1½ Stunden. In Sachsen gewinnen die Gewitter an Dauer mit zunehmender Seehöhe. Die Berge halten die Gewitter also gewissermaßen fest. Auch Börnstein gibt an, daß Gebirge das Herannahen des Gewitters beschleunigen, seinen Abzug verlangsamen. Ein Hinderniß für die Fortpflanzung der Gewitter bilden Gebirge nicht. Ferrari hat festgestellt, daß von Frankreich nach Italien ziehende Gewitter die Alpen vollständig ausgebildet überschreiten. Dasselbe hat Prohaska bezüglich der Tauernkette constatirt. Auffallender Weise scheinen größere Flüsse dagegen von einem Gewitter nicht überschritten zu werden. Viele Gewitter hören vollständig auf, wenn sie sich dem Ufer eines größern Flusses nähern.

Das Gewitter erfordert zu seiner Bildung, wie auseinandergesetzt, einen aufsteigenden Luftstrom. Große Wassermengen sind aber in der heißen Jahres- und Tageszeit kühler als ihre Umgebung, es wird also über ihnen Luft herabsinken, und es fehlt demnach die Bedingung für das Zustandekommen des Gewitters. Wir müssen uns stets vor Augen halten, daß wir das Gewitter nicht auffassen dürfen als ein bestimmtes Phänomen, das sich wie ein festes System durch das Luftmeer hindurch bewegt, ähnlich, wie man früher vom Rhein behauptete, er würde durch den Bodensee hindurchfließen, ohne daß sich sein Wasser mit dem des See's vermische, sondern daß ein Gewitter angesehen werden muß als ein Umformungs-Proceß, der zum Theil durch die vorher bestehenden Verhältnisse geschaffen ist. Ferrari vergleicht ganz zutreffend die Fortpflanzung eines Gewitters mit der einer Welle. Wenn wir einen Stein in das Wasser werfen, so scheinen sich von der getroffenen Stelle aus Wassertheilchen wellenförmig nach allen Seiten weiter zu bewegen. Auf dem Wasser schwimmende Körper belehren uns, indem sie auf der Stelle sich heben und senken, daß hier eine optische Täuschung vorliegt, hervorgerufen dadurch, daß ein Wassertheilchen nach dem andern eine auf- und abgehende Bewegung annimmt. Nur die Erscheinung der Wellen- bewegung pflanzt sich fort, die materiellen Theilchen verlassen ihre Stelle nicht. Aehnlich pflanzt sich auch ein Gewitter fort, indem es den Anstoß dazu gibt, daß vor ihm, falls die Bedingungen hierzu vor- handen sind, eben die Vorgänge eintreten, die sein Entstehen bedingen.

Wenn ein Gewitter über eine Gegend hinweggezogen ist, so ist es sehr wahrscheinlich, daß bald noch ein zweites denselben Weg einschlägt. Der Zeitraum, der zwischen dem ersten und dem nachfolgenden Ge- witter liegt, hat im allgemeinen die Dauer von drei Stunden oder einem Multiplum davon, hauptsächlich kommt die Zahl 24 vor.

Die größere Zahl der Gewitter bleibt auf verhältnißmäßig kleinere Bezirke localisirt, doch lassen sich anderseits auch Gewitter durch ganz Frankreich hindurch, oder von der Rheinpfalz bis nach Oesterreich hinein verfolgen. Man kann daher zwei verschiedene Typen von Gewittertagen unterscheiden; solche, an welchen sich die Gewitterthätigkeit zersplittert und solche, an welchen ein großer Gewitterzug sich bildet, gewöhnlich be- gleitet von andern Gewittern geringerer Ausdehnung. Im erstern Fall bilden sich kleine Gewitter da und dort, von denen einzelne, wie oben bemerkt, sich einander folgen. Solche Gewitter entstehen fast aus- schließlich in den frühen Nachmittagsstunden.

Die Fortpflanzungs-Richtung der Gewitter in Mitteleuropa ist, entsprechend dem Zug der barometrischen Minima und den vorherr- schenden Winden, vorwiegend eine west-östliche oder südwest-nord- östliche. Doch wurden z. B. im Jahre 1880 zehn Gewitter beobachtet, die, von Osten kommend, Baiern und Würtemberg durchzogen. Die Ursache scheint zu sein, daß ausnahmsweise dem Mittelmeerbecken ange- hörige Depressionen ihre Wirkung bis an den Nordabhang der Alpen hin geltend machten, während im allgemeinen Gewitter in unsern Ge- genden im Zusammenhang stehen mit Depressionen, die, vom Atlantischen Ocean herkommend, die nördliche Hälfte Europa's von W nach E durch- ziehen. In den Ostalpen, wo sich die über das Mittelmeer hinziehenden barometrischen Minima fühlbarer machen, liegen die Verhältnisse anders. In Krain und Steiermark überwiegen zu manchen Zeiten sogar die Ostgewitter.

Die folgende Tabelle gibt die Vertheilung der Gewitterhäufigkeit in Procenten nach den acht Kompaßstrichen. [1]

---

[1] van Bebber, Lehrbuch der Meteorologie S. 256.

Gebiet.	Beobachtungs-Jahre.	N	NE	E	SE	S	SW	W	NW
Frankreich	1865—67	0,9	1,9	2,6	8,2	11,2	44,1	31,2	4,6
Oberitalien	1880—81	8,7	1,1	1,2	0,3	2,0	18,3	56,5	16,9
Mittel- u. Unteritalien		16,1	0,8	0,6	—	—	5,4	55,0	22,1
Baiern	1881—85	5,5	2,9	2,7	4,3	6,5	30,0	35,5	12,7
Wien	1853—84	11,1	9,5	7,5	8,1	9,0	14,2	23,8	16,8
Budapest	1861—70	19,1	8,7	8,2	16,2	12,3	7,2	16,2	12,3
Reichstelegraph.-Gebiet	1882 85	8,1	6,7	7,8	8,1	13,5	20,1	21,0	15,7
Götaland		3,9	6,6	9,7	10,4	17,4	25,7	20,4	5,9
Svealand	1871 - 75	6,6	6,4	9,8	11,3	19,1	20,9	18,1	8,5
Norrland		6,8	8,0	10,8	15,3	22,1	15,4	13,6	8,0

In Baiern kommen, wie man sieht, 65,5, im Reichstelegraphen-Gebiet wenigstens 41,1 Procent aller Gewitter aus W und SW.

Die Fortpflanzungs-Geschwindigkeit der Gewitter erweist sich ebenfalls in hohem Grade abhängig von den Bahnen der barometrischen Minima. Diese halten nämlich bestimmte Zugstraßen ein. Sie tauchen auf über dem westlichen Theil des Canals oder über Irland, von dort ziehen sie entweder in nordöstlicher Richtung nach dem Nordende Skandinaviens — es ist dies die von van Bebber sogenannte Zugstraße I — oder sie ziehen in der Hauptsache ostnordöstlich längs der deutschen Nordseeküste oder über Jütland und den südlichen Theil Schwedens nach Finnland.

Nur eine Zugstraße, die V. van Bebber's, führt aus dem Canal über Frankreich nach dem Meerbusen von Genua und Mittelitalien und von dort, scharf umbiegend, über Dalmatien, Ungarn, Galizien, Polen nach Finnland. Von diesen Zugstraßen ist die für uns wichtigste, und abgesehen vom Frühjahr, am stärksten besuchte die Zugstraße I. Bahn V wird von den Depressionen hauptsächlich im Frühjahr eingeschlagen; sie ist die einzige, die nicht nördlich von Deutschland vorbeiführt. Die Frequenz der über das südliche Skandinavien hinziehenden Zugstraße vertheilt sich ziemlich gleichmäßig über das ganze Jahr.

Die Fortpflanzungs-Geschwindigkeit der Gewitter nimmt zu mit der Annäherung an eine dieser Depressions-Bahnen. Das läßt sich selbst innerhalb kleinerer Gebiete verfolgen. Die Geschwindigkeit nimmt in Süddeutschland von Norden nach Süden zu, anfangs langsam, gegen die Alpen zu rasch; sie ist im Gebirge etwa 7 km per Stunde geringer als nördlich des Mains, nimmt dagegen nach Mittelitalien hin wieder zu. Da die Depressions-Straßen in den einzelnen Jahren etwas variiren, so ist auch die durchschnittliche Geschwindigkeit der Gewitter in den einzelnen Jahren eine verschiedene. So betrug dieselbe im Mittel für

Süddeutschland im Jahre 1884 42,5, im Jahre 1880 nur 37,5 km per Stunde. In dem Winterhalbjahr von October bis März, in welcher Zeit die Depressions-Bahnen erheblich südwärts gerückt sind, ist auch die Fortpflanzungs-Geschwindigkeit der Gewitter größer als im Sommer. In Belgien beträgt nach A. Lancaster die mittlere Geschwindigkeit der Gewitterzüge 45 km per Stunde, die extremsten Fälle sind 65 und 25 km, die mittlere Wind-Geschwindigkeit an der Erdoberfläche während der Gewitter betrug dagegen nur 15 km.

Der Zusammenhang der Lage der Depressions-Bahnen mit der Gewitter-Geschwindigkeit drückt sich auch dadurch aus, daß die aus WSW und W kommenden Gewitter sich bedeutend rascher fortpflanzen als die aus N und NE, und zwar beträgt in Süddeutschland die Geschwindigkeit der aus dem östlichen Halbkreis kommenden Gewitter nur 29,2 km, während die aus dem westlichen kommenden im Durchschnitt eine solche von 39,5 km besitzen.

Entsprechend dem oben Gesagten verschieben sich diese Unterschiede etwas mehr im südlichen Teil der Ostalpen, wenn auch das Hauptresultat, daß die Gewitter aus den westlichen Quadranten sich rascher fortpflanzen, bestehen bleibt. Ja die kleinste, bis jetzt bekannte Geschwindigkeit fand Prohaska mit nur 9,3 km für ein Ostgewitter in Steiermark.

Der tägliche Gang der Fortpflanzungs-Geschwindigkeit zeigt, daß ein Maximum um Mitternacht, ein Minimum um die Mittagszeit besteht. Besonders ausgeprägt ist dieser Gang an der Südseite der Ostalpen. Die Ursache liegt darin, daß die Nachmittags vorherrschenden Wärmegewitter sich langsamer bewegen als die Wirbelgewitter.

Analog dem täglichen Gang ist auch in Süddeutschland einschließlich des Alpengebietes die Fortpflanzungs-Geschwindigkeit in der kalten Jahreszeit größer als in der warmen.

13. Tägliche und jährliche Periode der Gewitter.

Die meisten Gewitter entstehen, wie früher schon bemerkt, in den ersten Nachmittagsstunden, und die Folge davon ist, daß die Gewitterhäufigkeit eine ausgesprochene tägliche Periode aufweist.

Das Hauptmaximum fällt überall in die Nachmittagsstunden zwischen 3 und 6 Uhr, außerdem besteht noch ein zweites Maximum in den Nachtstunden. In Mitteldeutschland und in Wien fällt dasselbe in die Stunden von 1—2 Uhr, ebenso in Kärnthen, Krain und Steiermark, in Baiern, wenn man nur die Sommergewitter berücksichtigt, in die Zeit von 2—3 Uhr Nachts. In Wirklichkeit dürfte dieses nächtliche Maximum vielleicht noch höher sein, als die Zahlen es erscheinen lassen, da schwache Nachtgewitter den Beobachtern leicht entgehen. Die geringste Gewitterthätigkeit findet anscheinend kurz vor oder um Mitternacht statt. Wenn es richtig ist, was oben behauptet wurde, daß einige Orte Gewitterherde bilden, so kann die tägliche Periode für alle Punkte nicht die genau gleiche sein. In der That ergibt sich denn auch als eine Folge des vorwiegend westöstlichen Zuges der Gewitter für Süd-West-Deutschland, daß das Gewittermaximum in Baden zwischen 3 und 4 Uhr, in Baiern zwischen 4 und 5 Uhr fällt. Ebenso verschiebt sich auch das abendliche Minimum; das letztere fällt in Baden in die Zeit von 5—6 Uhr, in Baiern in die Zeit von 8—9 Uhr. Aehnlich liegen die Dinge nach Beobachtungen Aßmann's in Mitteldeutschland. Man kann wohl annehmen, daß die große Anzahl von Gewittern in den ersten Nachmittagsstunden bedingt wird durch die kleinen localen Wärmegewitter, welche zu dieser Tageszeit auszubrechen pflegen. Die größern Gewitterzüge, die über mehrere Länder sich erstrecken, müssen eben wegen ihrer langen Dauer sich ziemlich gleichmäßig über den ganzen Tag vertheilen. In Küstengebieten: Norwegen, deutsche Nord- und Ostküste sind die Gewitter in der kalten Tageszeit verhältnißmäßig häufig, weil in diesen Gegenden keine Gewitter entstehen, sondern dieselben nur von weit herkommenden Wirbelgewittern heimgesucht werden. In Schleswig-Holstein treten die meisten schadenbringenden Gewitter zwischen 12 Uhr Mitternacht und 3 Uhr Morgens auf.

Die jährliche Periode der Gewitter mag die nachfolgende Tabelle veranschaulichen: [1]

Gebiet.	Beobacht. Jahr.	Januar.	Februar.	März.	April.	Mai.	Juni.	Juli.	August.	September.	October.	November.	December.
Norwegen, S.-W.-Küste	1871—80	9	2	2	2	4	17	33	28	16	16	8	4
Norwegen, Inneres		2	1	0	0	3	10	4	2	2	1	1
London	1807—22	0,0	0,2	0,4	0,4	1,8	1,4	2,0	1,3	0,4	0,1	0,2	0,1
Paris . . .	51 J.	0,1	0,1	0,3	0,8	2,6	3,0	2,6	2,1	1,2	0,6	0,1	0,1
Hamburg . . .	1876—85	0,2	0,0	0,4	0,7	3,3	3,5	6,0	3,4	2,0	0,5	0,3	0,3
Memel . . .		0,0	0,0	0,1	0,2	1,6	2,4	3,7	2,3	1,1	1,1	0,0	0,0
Breslau . . .	1856—85	0,1	0,2	0,1	0,9	2,3	3,8	3,8	2,5	0,9	0,2	0,0	0,1
Stuttgart . . .	1792 bis 1854	0,1	0,1	0,1	1,0	3,3	3,9	3,3	3,0	2,8	0,1	0,1	0,9
München . . .	1842—59	0,0	0,0	0,6	1,8	4,2	5,6	5,1	5,0	1,8	4,0	0,1	0,0
Wien . .	1793 bis 1850	0,2	0,1	0,1	1,1	3,6	4,1	4,3	4,0	1,4	0,2	0,1	0,1
Zürich . . .	90 J.	0,0	0,1	0,2	1,5	2,8	4,5	4,0	4,5	1,3	2,3	1,1	0,9
Rom	—	Oct. bis März 18,2			7,4	7,2	19,1	17,2	16,5	14,6	—		

[1] Nach van Bebber, Lehrbuch der Meteorologie.

Wie man sieht, liegt das Maximum der Gewitterhäufigkeit überall in den Monaten Juni und Juli. In London fallen 78 pCt., in Brüssel 74 pCt., in Paris ebenfalls 74 pCt., in Hannover 82 pCt., in Trier 83 pCt., in Breslau 83 pCt., in Stuttgart 76 pCt., in München 70 pCt., in Wien 83 pCt., in Zürich 70 pCt., in Mailand 79 pCt., in Rom nur 59 pCt. aller Gewitter in die vier Monate: Mai, Juni, Juli, August. Wintergewitter sind durchweg außerordentlich selten. Eine Ausnahme machen nur die Atlantischen Küstengebiete im nordwestlichen Europa. Ich habe oben hervorgehoben, daß dort die Gewitter die kalten Tageszeiten bevorzugen, und daß das Auftreten derselben in der kalten Jahreszeit verhältnißmäßig häufig ist. Ja, in Island und im nordwestlichen Schottland übertrifft die Zahl der Wintergewitter sogar die der Sommergewitter. Auf den Faröer fehlen die Sommergewitter ganz. Aber auch im Atlantischen Ocean sind die Wintergewitter häufiger als die Sommergewitter, und auch an den Küsten des Mittelländischen Meeres treten die Sommergewitter mehr zurück. Rom weist in der obigen Tabelle den niedrigsten Procentsatz der Sommergewitter auf. Die großen Wirbelgewitter von 8—9 Stunden vertheilen sich in Italien nach Ferrari wie folgt:

April,	Mai,	Juni,	Juli,	August,	September,
9,3	7,9	7,2	2,3	9,2	8,7.

In Mittel= und Nordeuropa treten nach Hellmann Wintergewitter stets in Begleitung von Wirbelstürmen und mit Vorliebe bei Nacht auf, durchziehen zwar rasch große Länderstrecken, aber doch vereinzelter, in mehr unterbrochener Aufeinanderfolge und auf räumlich beschränkterm Gebiet als die Gewitter der wärmeren Jahreszeiten. Sie sind von kurzer Dauer und nur von wenigen Blitz= und Donnerschlägen begleitet, doch zünden erstere wegen der geringen Höhe der sie entsendenden Wolkenschichte häufiger, als dies im Sommer der Fall ist. Gänzlich zu fehlen scheinen in Europa die Wintergewitter längs der Linie, welche sich von Trontheim über Königsberg und Pesth zieht und von da, der Donau folgend, an den Balkan anlehnt.

Ich komme nochmals auf das sommerliche Maximum in Centraleuropa zurück. Bestimmt man die Anzahl der Gewitter für die drei Dekaden jedes Monats gesondert, so bemerkt man, worauf zuerst von Bezold aufmerksam gemacht hat, daß zwei Maxima vorhanden sind wovon das erste auf Ende Juni und Anfang Juli, das zweite Ende Juli und Anfang August fällt. Diese Zweitheilung des Maximums, läßt sich bis nach Sibirien verfolgen.

Das bis jetzt über die tägliche und jährliche Periode der Gewitterhäufigkeit Gesagte gilt natürlich nur für Europa und die angrenzenden

Länder. Auf der südlichen Halbkugel, wo der Sommer in die Zeit unseres Winters fällt, ändert sich dem entsprechend auch die Vertheilung der Gewitter. So fällt in Argentinien und Süd-Brasilien das Maximum der Gewitter in den Januar und März, das Minimum in den Juli. Für die tropischen Gegenden beginnt mit Annäherung der Sonne an den Zenith eine Periode fast täglicher Gewitter. Wenn am Vormittag der Himmel tiefblau ist, kein Windhauch die Luft bewegt und die fast senkrecht auffallenden Strahlen der Sonne fast unerträglich brennen, so erheben sich gegen Mittag Wolken, und kaum hat die Sonne ihren höchsten Stand erreicht, so bricht das Gewitter los, der vorangehende Wind ist schwach, der Regen aber gießt in Strömen nieder, man spricht nicht ohne Grund von tropischen Regengüssen, und die Blitze folgen so rasch aufeinander, daß der Himmel ein ununterbrochenes Feuermeer zu bilden scheint. Doch die Erscheinung geht rasch vorüber, und jetzt erst kann der vorher von der Hitze gepeinigte Mensch seinen Geschäften nachgehen.

Ein Zusammenhang zwischen Gewitterhäufigkeit und Mondphase ist schon oft behauptet und gerade so oft wieder bestritten worden. Indessen ist durch lange Beobachtungsreihen festgestellt, daß ein allerdings nicht sehr ausgeprägtes Maximum der Gewitter auftritt einige Tage vor und einige Tage nach dem Neumond. Weniger sicher ist das vielfach behauptete Gewitterminimum zur Zeit des Vollmondes. Es sind hier nur solche Beobachtungsreihen zu verwenden, welche die in unmittelbarer Nähe des Beobachtungsortes stattgefundenen Gewitter streng von dem Wetterleuchten trennen; daß letzteres bei hellem Vollmondschein weniger leicht sichtbar ist, braucht nicht erst bewiesen zu werden. Auf jeden Fall sind die Unterschiede in der Anzahl der auf die einzelnen Mondphasen entfallenden Gewitter so gering, daß sie sich zur etwaigen Prognose von Gewittern nicht verwenden lassen. Nachstehend gebe ich eine bezügliche Zusammenstellung. [1]

Procentische Anzahl der Gewitter.

Beobachter, Ort und Zeit.	Neumond.	Erstes Viertel.	Vollmond.	Letztes Viertel.
Lüdicke, Gotha 1867—75	35	37½	12½	15
Köppen Deutschland 1879—83	26	30	20	24
Richter, Grafschaft Glatz 1877—84	33	29	18	20
Hazen, Nordamerica 1884	29/½	27	24½	19
Gruß, Prag 1840—59	27	24	27	22
1860—79	25½	27	25½	22
Meyer, Göttingen	27	27	22	24

[1] Meteor. Zeitschrift 1888, S. 115.

Von ältern Beobachtungsreihen stimmt nur eine von Schiaparelli aufgestellte mit den obigen überein.

Neuerdings behauptete E. Renou auf Grund der im Park von Saint-Maur bei Paris angestellten Beobachtungen, daß die Gewitter häufiger sind bei nördlicher als bei südlicher Declination des Mondes.

14. Säculare Periode und Zusammenhang der Gewitter mit der Periode der Sonnenflecken.

Die sehr wichtige Frage, ob die Gewitter auch eine säculare Periode zeigen, läßt sich leider zur Zeit wegen Mangels geeigneter Beobachtungen kaum beantworten. Ich habe schon S. 58 darauf hingewiesen, daß man die Frage nach der Häufigkeit der Blitzschläge trennen muß von der Frage nach der Häufigkeit der Gewitter, da ja Schwankungen in der Intensität der Gewitter gar nicht unwahrscheinlich sind. Für die Untersuchung der Periode der Blitzschläge liegt wenigstens einiges Material vor in den Acten der Versicherungsanstalten; zuverlässige Aufzeichnungen über Gewitter, die sich über eine lange Reihe von Jahren erstrecken, sind dagegen nur wenige vorhanden. Am weitesten zurück geht die Beobachtungsreihe vom Hohenpeißenberg, südlich von München. Es ergibt sich daraus eine beträchtliche Abnahme der Zahl der Gewitter von 1792 bis 1835 und eine langsame Zunahme von da bis in unsere Zeit. Das Minimum der Gewitterthätigkeit im Decennium 1835/44 ist auch durch Beobachtungen in Belgien, Mailand, Prag u. a. sicher gestellt, die behauptete Zunahme dagegen von 1845 bis auf unsere Zeit wird vielfach bestritten, auch von solchen Forschern, die eine Zunahme der Blitzgefahr zugeben. In der That läßt z. B. die nachfolgende Zusammenstellung der Beobachtungen im Parc de Baleine im Departement de l'Allier ein fortdauerndes Anwachsen der Zahl der jährlichen Gewittertage nicht erkennen.

Zahl der Gewittertage in den einzelnen Jahren.

Jahr	Gewitter	Jahr	Gewitter	Jahr	Gewitter
1835	26	1853	29	1871	29
1836	20	1854	26	1872	38
1837	18	1855	36	1873	40
1838	27	1856	26	1874	33
1839	15	1857	36	1875	26
1840	15	1858	31	1876	25
1841	28	1859	43	1877	22
1842	28	1860	32	1878	25
1843	26	1861	27	1879	34
1844	20	1862	34	1880	31
1845	28	1863	35	1881	30
1846	33	1864	25	1882	15
1847	27	1865	36	1883	25
1848	29	1866	42	1884	32
1849	32	1867	40	1885	26
1850	24	1868	45	1886	25
1851	21	1869	23	1887	25
1852	31	1870	25	1888	31

Es ergibt sich aus den mitgetheilten Zahlen auch, wie unzulässig es ist, die Beobachtungsreihe in willkürlich gewählte Perioden von fünf oder zehn Jahren zu zerlegen. So wird man, wie leicht ersichtlich, zu ganz andern Resultaten kommen, wenn man die drei besonders gewitterreichen Jahre 1866/68 zufällig in ein und dieselbe Periode fallen läßt, als wenn man 1863/67 und 1868/72 zusammenfaßt. Frei von Willkür ist folgende Methode: man bildet das arithmetische Mittel aus den Zahlen für fünf aufeinander folgende Jahre und setzt die sich so ergebende Zahl als „ausgeglichene" Zahl für das mittlere der fünf Jahre ein.

So würde sich ergeben als ausgeglichenes Mittel

$$\text{für } 1837 \quad \frac{26+20+18+27+15}{5} = 21,2$$

$$\text{für } 1838 \quad \frac{20+18+27+15+15}{5} = 19,0$$

$$\text{für } 1839 \quad \frac{18+27+15+15+28}{5} = 20,6$$

usw.

Die so aus den Beobachtungen der Sommergewitter in Greenwich erhaltenen Zahlen sind nach der Zeitschrift Nature nachstehend zusammengestellt.

Jahr	Gewitter (Mittel)	Jahr	Gewitter (Mittel)	Jahr	Gewitter (Mittel)
1852	9,6	1865	9,0	1878	17,2
1853	10,2	1866	9,8	1879	16,8
1854	10,4	1867	9,4	1880	15,6
1855	10,6	1868	8,6	1881	13,6
1856	11,4	1869	9,8	1882	13,2
1857	12,6	1870	10,6	1883	11,0
1858	12,2	1871	10,4	1884	10,8
1859	12,4	1872	11,8	1885	10,8
1860	11,2	1873	12,2	1886	11,4
1861	9,4	1874	12,0	1887	13,8
1862	7,8	1875	11,0	1888	13,8
1863	8,6	1876	14,4	1889	16,2
1864	7,6	1877	14,6		

Die Zahlen sprechen nicht für ein fortdauerndes Anwachsen der Gewitterhäufigkeit, ebensowenig die Beobachtungen von Berlin und Genf, auf deren Wiedergabe ich hier verzichte. Aus dem Beobachtungsmaterial ließe sich der Schluß ziehen, daß die Zahl der Gewitter in den einzelnen Jahren beträchtlichen Schwankungen unterliegt.

In Greenwich wurden z. B. in den Jahren 1862, 63, 66, 82, 87 nur je 6 Sommergewitter, 1878 dagegen deren 26 beobachtet. Ich muß dem gegenüber auf das schon Seite 58 zur Erklärung der vermeintlichen Schwankungen Gesagte verweisen. Wegen der räumlich oft beschränkten Ausdehnung der Gewitter werden die Unterschiede in den Zahlen für die Gewitterhäufigkeit auch relativ geringer, wenn man nicht von den Aufzeichnungen einer einzelnen Station ausgeht, sondern diejenigen Tage zusammenstellt, an denen irgendwo in einem Lande Gewitter beobachtet wurden. So schwankte z. B. in Süddeutschland in den 9 Jahren 1880—88 die Zahl der Gewittertage zwischen 119 und 138 im Jahr, in Mitteldeutschland in den 4 Jahren 1881—1884 zwischen 168 (1881) und 155 (1883).

Der Umstand, daß bei Berücksichtigung aller in einem Lande angestellten Gewitter-Beobachtungen die Unterschiede in den Zahlen der Gewitterhäufigkeit für die einzelnen Jahre mehr zurücktreten, läßt es nicht räthlich erscheinen, aus den Aufzeichnungen einer einzelnen Station weitgehende Schlüsse auf eine säculare Periode zu ziehen. Es tritt dazu noch der weitere Umstand, daß die Kurven an den einzelnen Orten in entgegengesetzter Weise verlaufen. So zeigt sich in Wien ein Maximum der Gewitterthätigkeit zwischen 1837 und 1849, also gerade zu einer Zeit, wo die Beobachtungen vom Hohenpeißenberg und andern Orten ein Minimum aufweisen. Die erwähnten Thatsachen sprechen auch gegen den von Bezold vermutheten Zusammenhang zwischen Gewitterhäufigkeit und Sonnenflecken. Diese letztern weisen eine auffallende kleine Periode von 11 Jahren und eine größere von 55 Jahren auf. Es wurden nach R. Wolf täglich in Mittel beobachtet:

1830 67	Sonnenflecken,
1834 10	„
1837 137	„
1844 19	„
1848 128	„
1856 5	„
1860 95	„
1867 9	„
1870 132	„
1878 4	„
1883 65	„

Der Unterschied der aufeinander folgenden Maxima und Minima ist so bedeutend, daß die 11jährige Periode in die Augen springt. Wolf konnte dieselbe bis 1745 zurückverfolgen. Mit der Periode der Sonnenflecken zeigt die der Nordlichter eine auffallende Uebereinstimmung und zwar in so ausgeprägter Weise, daß man sogar aus der Zahl der beobachteten Sonnenflecken einen Schluß auf das Auftreten von Nordlichtern ziehen kann; die 55jährige Periode tritt bei den letztern sogar noch auffälliger hervor als bei den Sonnenflecken. Da Gewitter und Polarlichter elektrische Erscheinungen sind, so lag es nahe, einen Einfluß der Sonnenflecken auch auf die Gewitterperiode anzunehmen. Von Bezold glaubte eine Uebereinstimmung im Gang der Sonnenfleckenperiode und der Blitzgefahr auch gefunden zu haben. Die kleinen Schwankungen der Blitzgefahr sollten nach ihm einer Periodicität unterworfen sein, so, daß auf jede Sonnenfleckenperiode von 11 Jahren zwei kleinere Perioden der Blitzgefahr treffen, und daß dem Maximum der Sonnenflecken jederzeit ein Minimum der Blitzgefahr entspricht. Blitzschläge und Nordlichter würden sich also, da in fleckenreichen Jahren mit dem Minimum der erstern ein Maximum der letztern zusammentrifft und umgekehrt in fleckenarmen, sich gegenseitig ergänzen. Dieser von v. Bezold aus den Aufzeichnungen in Baiern gezogene Schluß wird durch die Beobachtungen in Sachsen nur theilweise bestätigt, die Resultate der schweizerischen Beobachtungen widersprechen ganz direct. Immerhin erscheint ein Zusammenhang zwischen Sonnenflecken und Zahl der Blitzschläge als dem Ausdruck der Heftigkeit der Gewitter noch möglich, wenn ich selbst auch das für diesen Zusammenhang vorgebrachte Beweismaterial nicht als zureichend ansehen kann.

Viel weniger wahrscheinlich ist ein Zusammenhang zwischen der Zahl der Gewitter und jener der Sonnenflecken. v. Bezold glaubte aus 29 Beobachtungsreihen europäischer und asiatischer Stationen einen dem Fleckenwechsel entgegengesetzten Gang der Gewitterhäufigkeit nachweisen zu können; desgleichen versuchte er auch eine 25,8tägige Periode der Gewitterthätigkeit übereinstimmend mit der wahrscheinlichen Dauer der Sonnenrotation abzuleiten. Da indessen die Umlaufszeit des Mondes der aus der Verschiebung der Flecken berechneten Dauer der Sonnenumdrehung nahe gleichkommt, so kann eine 26tägige Periode der Gewitterhäufigkeit, wenn sie wirklich existirt, auch durch den Wechsel der Mondphasen bedingt sein. Untersuchungen, von Hamberg in Schlesien angestellt, erwiesen sich den v. Bezold'schen Folgerungen nicht günstig. In einer spätern Arbeit schränkt denn auch v. Bezold seinen Satz dahin ein, daß ein Zusammenhang zwischen Gewitter und Sonnenflecken zwar wahrscheinlich, aber nicht sicher sei. Die v. Bezold'sche Behauptung, daß gewitterreiche Jahre die Folge einer fleckenfreien Sonnenoberfläche seien, bedingt noch keineswegs die Annahme einer unmittelbaren elektrischen Wechselwirkung zwischen Erde und Sonne. Man kann sich die Gewitterhäufigkeit abhängig denken von der Stärke der Sonnenstrahlung, welche ihrerseits von den Sonnenflecken beeinflußt wird. Eine Aenderung der Stärke der Sonnenstrahlung würde sich aber nach Köppen in den verschiedenen Breiten nicht gleichzeitig, sondern nach und nach fühlbar machen. Die Gewitter-Erscheinungen hängen nicht nur von der Temperatur des betreffenden Ortes, sondern auch von dem Zustand der Atmosphäre an weit entfernten, einer andern Zone angehörigen Punkten ab, wie dieses am deutlichsten bei den die Stürme begleitenden Gewittern hervortritt. Auf diese Weise könnte die Thatsache erklärt werden, daß Gewittermaxima und Fleckenminima selten genau zusammenfallen, sondern meist um ein oder zwei Jahre gegen einander verschoben erscheinen, wie denn auch die Kurven der mittlern Jahrestemperatur durchaus nicht der Kurve der Sonnenfleckenhäufigkeit parallel gehen. Berücksichtigt man also nicht nur die Gewitterzahl eines Jahres, sondern bildet, wie oben des weitern auseinandergesetzt, die Mittel aus z. B. fünf Jahren, so können die Aufzeichnungen in Genf, Berlin, Greenwich als eine Stütze der Behauptung v. Bezold's angesehen werden. Es gibt aber auch eine große Anzahl von Beobachtungsreihen, die gerade den umgekehrten Gang zeigen; so zieht M. Cruls aus den Beobachtungen von Rio de Janeiro den Schluß, daß im Gegensatz zu der Ansicht v. Bezold's das Maximum der Gewitterhäufigkeit auch mit dem Maximum der Sonnenflecken zusammenfalle, und die von ihm gezeichneten Kurven scheinen seine Behauptung zu bestätigen.

Man wird unter diesen Umständen entweder zu dem Schlusse kommen, daß sich in dem Wechsel der Gewitterhäufigkeit mehrere periodische Aenderungen verstecken, oder man wird, und das ist meine Meinung, annehmen müssen, daß sich auf Grund des vorhandenen Materials eine bestimmte Periode der Gewitter überhaupt nicht constatiren läßt.

15. Geographische Vertheilung der Gewitter.

Ehe ich auf die Vertheilung der Gewitter über unsere Erde näher eingehe, muß ich noch die Frage erörtern, ob locale Verschiedenheiten von Einfluß auf die Gewitterhäufigkeit sind, oder ob wir annehmen dürfen, daß die für einzelne meteorologische Stationen gefundenen Zahlen der Gewitterfrequenz auch für das umliegende Gebiet gelten. Wenn man in den preußischen statistischen Jahrbüchern liest, daß die Anzahl der Gewittertage im Jahre durchschnittlich beträgt: in Norderney 11,40, in Lingen 13,06, in Jever 15,23, in Otterndorf 19,19, in Löningen 23,86, in Göttingen 24,05, so wird man geneigt sein, den localen Einflüssen ein bedeutendes Gewicht beizulegen. Man darf aber nicht außer Acht lassen, daß eine zuverlässige Statistik nur erhalten werden kann durch einen Gewitterdienst, wie ihn in Deutschland zuerst v. Bezold 1879 in Baiern organisirte, und wie er dann im Laufe des nächsten Jahrzehntes im übrigen Süddeutschland, Sachsen und Preußen eingerichtet wurde.

Bei der früher üblichen Art der Aufzeichnung sind die Resultate, worauf ich schon wiederholt hinwies, in hohem Grade von der Person des jeweiligen Beobachters abhängig. Wenn z. B. Hamburg im Jahre 1879 22, Altona nur 15 Gewitter meldet, so wird man diesen Unterschied doch nicht allein durch die Verschiedenheit der Lage und des Terrains erklären wollen. Ich möchte mit diesen Bemerkungen nur darauf hinweisen, mit welch' kritischem Auge man statistische Aufzeichnungen betrachten muß. Ich habe schon in dem Capitel „Form der Gewitter" dargelegt, daß der weitaus größere Theil der Gewitter eine sehr geringe Verbreitung besitzt; es kann dies daher rühren, daß ein Gewitterzug mit

einer schmalen Front einhermarschirt oder daß ein an einem Ort ent=
standenes Gewitter auf einem engen Bezirke localisirt bleibt.

Aus dem Umstand, daß es, wie auf Seite 83 erwähnt, Gegenden
gibt, die als Gewitterherde bezeichnet werden können, sowie den Be=
ziehungen zwischen den Zugstraßen der Gewitter und denen der Depres=
sionen können wir a priori ableiten, daß auch innerhalb kleiner Länder=
gebiete gewitterreiche und gewitterarme Gegenden unterschieden werden
können.

Die Zahl der Gewittertage in Baiern beträgt nach dem oben über
die zeitliche Vertheilung der Gewitter Gesagten durchschnittlich im Jahr
129, d. h. an 129 Tagen im Jahr werden von irgend einem Ort
Baierns Gewitter gemeldet. Die Zahl der Gewittertage für eine einzelne
Station überschreitet aber, wie aus der nachfolgenden Zusammenstellung
hervorgeht, nirgends 33.

Es beweist diese große Differenz, daß sich ein Gewitter nur über
einen verhältnißmäßig geringen Theil Baierns verbreitet.

Die Zahlen der Tage, an denen von irgend einem Punkte des
Landes Gewittermeldungen eingetroffen, und der, an welchen eine bestimmte
Station ein Gewitter beobachtete, müssen naturgemäß um so mehr von
einander abweichen, je größer die in Betracht gezogene Länderstrecke ist.
So beträgt die Zahl der jährlichen Gewittertage in Frankreich 310, es
gibt also nur 55 Tage im Jahr, an denen nicht in irgend einem Theile
Frankreichs ein Gewitter beobachtet wird, während auch in den gewitter=
reichsten Gegenden des Landes an einer einzelnen Station kaum mehr
als 50 Gewitter im Jahr gezählt werden.

Zusammenstellung der jährlichen Gewittertage an einzelnen baierischen Stationen.

(Des Vergleichs halber wurde auch das regenreiche Salzburg hin=
zugenommen.)

Andechs	27,8	Mittenwald	14,6
Anspach	23,6	München	19,0
Augsburg	22,3	Nürnberg	14,1
Bamberg	32,3	Passau	8,3
Dillingen	12,6	Regensburg	20,8
Freising	22,6	Salzburg	23,7
Hohenpeißenberg	27,0	Tegernsee	30,0
Kempten	13,0	Würzburg	14,1

Eine eingehende Darstellung der Verbreitung der Gewitter über die Erdoberfläche verdanken wir Klossowsky. [1]

Den nachfolgenden Zeilen liegt die von ihm gegebene Zusammenstellung zu Grunde.

Am häufigsten sind die Gewitter in den Tropen, also in den Gebieten, in denen auch die größten Regenmengen fallen. Die größte Zahl Gewittertage (fast 200 im Jahr) hat wohl Bismarcksburg (Togoland) im äquatorialen Africa. In Vivi am Congo wurden 95 beobachtet, Kamerun etwa 100. Nach Süden zu nimmt die Gewitterhäufigkeit in Africa rasch ab, am 20° südlicher Breite nur noch neun im Jahr (zweijähriger Durchschnitt). In America liegt die Zone größter Gewitterhäufigkeit zwischen dem 20 und 22° n. B. (Mexico 138,5, Leon Guanajuato 141 jährliche Gewittertage). Diese Zone erstreckt sich von NW nach SE und reicht im E von Südamerica bis herab zum 25° südlicher Breite, während im Westen dieses Continentes in dem noch in die Tropen fallenden regenarmen Peru überhaupt keine Gewitter vorkommen. In Asien erstreckt sich ein Gebiet intensiver Gewitterthätigkeit vom östlichen Ende des Himalaya durch Indo-China, die Sunda-Inseln bis Neu-Guinea. Diese Zone liegt also vorwiegend nördlich des Aequators. Die Zahl der jährlichen Gewittertage innerhalb derselben ist etwa 100, z. B. Batavia 94,6, Neu-Guinea 97, Palembang (Sumatra) 115,6, Buitenzorg (bei Batavia) 167. Am Nord= und Südrand der Tropen treffen wir in Africa und Asien ausgedehnte Wüstenstriche. Entsprechend der Armuth an Niederschlägen ist in diesen Ländern auch die Gewitterthätigkeit nur unbedeutend. In Kairo entfallen im Durchschnitt 1,4 Gewittertage auf das Jahr; es gibt dort auch gewitterfreie Jahre. In Alexandrien kommen dagegen 3,6, in Port Saïd 4,5, in Beirut 4 Gewitter auf das Jahr. Die Nähe des Meeres scheint hier einen Einfluß auszuüben.

In Asien steigt am Nordrand dieser Wüsten= oder Steppenzone, also im südlichen Rußland, im Kaukasus, am Altai, die Gewitterhäufigkeit wieder rasch an, während sie an der ganzen Nordküste von Africa, auf den Azoren und im Südosten der pyrenäischen Halbinsel immerhin noch sehr gering bleibt. Innerhalb Europa's nimmt im großen und ganzen die Gewitterhäufigkeit von Süd nach Nord hin ab. Dieses Gesetz läßt sich sogar innerhalb verhältnißmäßig kleiner Länder, z. B. Baierns, verfolgen, wo die Zunahme der Gewitter von N nach S hin deutlich wahrnehmbar ist, während in den Alpen allerdings wieder eine

---

[1] Klossowsky. Distribution des orages à la surface du globe terrestre. Revue météorologique Vol. III. Odessa 1893.

Abnahme bemerkt wird. Ein Gebiet größter Gewitterhäufigkeit liegt in Illyrien (Janina in Albanien 48,5), auch Italien mit 38 jährlichen Gewittertagen (Rom 42,2) ist noch sehr gewitterreich. An dieses Gebiet schließt sich im Norden und Nordosten ein Gebiet an, in dem 20 bis 30 Gewittertage auf das Jahr fallen, dazu gehören Schweiz (abgesehen vom Gebirge), Süddeutschland, Oesterreich, Ungarn, Serbien, Bosnien, das mittlere Bessarabien und die russischen Gouvernements Podolien, Kiew und Ssimbirsk. Etwas stärker noch ist die Gewitterthätigkeit in Griechenland (31 Gewittertage) und im westlichen Kaukasus (Tiflis 38,2, Suchum-Kale 27,7). Auffallend ist die Abnahme der Gewitterhäufigkeit gegen die Küsten des Schwarzen und Kaspischen Meeres zu,

Nordküste des Schwarzen Meeres 14-15 Gewittertage

Krim . . . . 7-10 „

Jalta in Taurien 44° n. B. . 5,3 „

Astrachan . . . . 7,5 „

Baku . . . . 4,5 „

Auch in Nordwestdeutschland bemerkt man eine Abnahme der Gewitterzahl vom Binnenland nach den Meeresküsten zu. Häpke glaubt, daß die Gewitterhäufigkeit von der Größe der Verdunstung abhänge. Diese nimmt nun ihrerseits mit steigender Temperatur zu, mit zunehmender relativer Feuchtigkeit ab. In der Nähe der Küsten muß demnach die Verdunstung und damit auch die Zahl der Gewitter abnehmen. In Norddeutschland ist die Abnahme der Gewitterhäufigkeit gegenüber dem Süden schon recht bedeutend, nur noch 15—20 Gewittertage gegen 20 bis 25 in Süddeutschland und Schlesien. Eine Zone mit 5—10 Gewittern im Jahr erstreckt sich von Großbritannien über die südliche Hälfte der skandinavischen Halbinsel nach dem Norden Rußlands, eine etwas geringere Gewitterthätigkeit weist aber auch hier Finnland auf. Nordwestlich von der Linie Bergen-Kola (am nördlichen Eismeer) kommen auf das Jahr nur noch 1—5 Gewitter, im äußersten Nordwesten Skandinaviens wird selbst diese Zahl 1 nicht mehr erreicht.

In Island gehören Gewitter zu den Seltenheiten, und weiter nördlich fehlen sie ganz und an ihre Stelle tritt die prachtvolle Erscheinung des Polarlichtes. Im Innern des asiatischen Continentes sind Gewitter häufiger als unter den gleichen Breiten in Europa. Tomsk, Jenisseisk liegen in einer Zone derselben Gewitterhäufigkeit mit Norddeutschland (15—20 Gewittertage). In Barnaul (am Ob), das etwa unter derselben Breite wie Berlin liegt, beträgt die Zahl der Gewittertage noch 23 im Jahr und in Turuchansk am Jenissei, schon fast unter dem Polarkreis gelegen, noch 8,1. Die Gewitterthätigkeit nimmt wieder ab längs der Küste des Stillen Oceans (Wladiwostok, nördlich von Korea 6,3, Nikolaiewsk am Amur 7,4, Japan 7—10). Auch in Nordamerica ist die Abnahme der Gewitterhäufigkeit nach der Meeres-küste zu sehr stark bemerkbar. Während in Toronto am Ontariosee die Zahl der jährlichen Gewittertage noch 29 beträgt, vermindert sie sich an der im Mittel 4—5° nördlicher gelegenen Küste Neu-Braunschweigs auf 9,25. Die Abnahme der Gewitterhäufigkeit nach Norden ist be-deutend beträchtlicher als in der alten Welt. In der Nähe des Polar-kreises schwankt die Zahl der jährlich beobachteten Gewitter zwischen 0 und 4, in Sibirien unter derselben Breite zwischen 8 und 10.

Klossowsky wirft die Frage auf: „Steht diese Erscheinung viel-leicht in Beziehung zu der bekannten Thatsache, daß der Kreis der Polar-lichter beträchtlich nach Süden verschoben ist in der westlichen Halbkugel im Vergleich zur östlichen? Gäbe es hier eine Art Compensation zwi-schen der disruptiven und langsamen Entladung und macht in den höch-sten Breiten die Gewitterthätigkeit Platz dem friedlichen Verkehr der elektrischen Eigenschaften?"

Für die südliche Halbkugel liegen nur außerordentlich wenige Zahlen vor. In Blumenau (Süd-Brasilien) wurden in allerdings nur zweijäh-rigem Durchschnitt 90 Gewittertage beobachtet, in Rio de Janeiro da-gegen nur 30. Diese letztere Zahl darf als zuverlässig aus einer längern Beobachtungsreihe ermittelt angesehen werden. Ob etwa die Lage an der Küste auch hier die Gewitterzahl herabdrückt? An der Delagoa-Bai entfallen 18,8 Gewitter auf das Jahr. Aus höhern Breiten der süd-lichen Halbkugel haben wir nur eine einzige Zahl, nämlich von den Falklands-Inseln, wo die Jahressumme der Gewitter 3,9 beträgt.

16. Der Hagel.

Der Hagel kann als eine Begleiterscheinung der Gewitter insofern bezeichnet werden, als Hagelfall stets mit elektrischen Entladungen ver-bunden ist; ob auch umgekehrt das Auftreten dieser letztern stets an das Fallen von Hagelkörnern geknüpft ist, wie es die früher besprochene Sohnke'sche Gewitter-Theorie verlangt, ist, wenn auch sehr wahrscheinlich, doch noch eine offene Frage. Der Umstand, daß nicht während aller Gewitter Hagel fällt, hat auf die Beantwortung unserer Frage keinen Einfluß, denn es ist sehr wahrscheinlich, daß die meisten der in den obern Luftregionen entstandenen Hagelkörner beim Herabfallen in die wärmern untern Luftschichten schmelzen. Für die Auffassung, daß Ge-witter stets mit Hagel verbunden sind, welch letzterer jedoch beim Herabfallen oft wieder schmilzt, sprechen verschiedene Thatsachen, auf die

v. Bezold meines Wissens zuerst aufmerksam gemacht hat. So werden auf hoch gelegenen Stationen viel häufiger Graupeln und Hagel beobachtet, als im Tieflande; ebenso sind Wintergewitter verhältnißmäßig häufiger mit Hagel verbunden als Sommergewitter. Der Regen fällt bei Gewittern in Form großer Tropfen, die vollständig den Eindruck geschmolzener Eiskörner machen. Häufig geht auch der Fall solch schwerer Tropfen dem von Hagelkörnern voraus. Stets treten Hagelniederschläge auf, wenn zwei Gewitter sich kreuzen oder rasch auf einander folgen, vielleicht, wie Hann meint, weil das erste Gewitter die Temperatur so weit herabdrückt, daß die Eiskörner ohne zu schmelzen den Erdboden erreichen können. Gewöhnlich fällt der Hagel bald nachdem der erste Donner gehört wurde, manchmal tritt er während des Gewitterregens auf, selten oder nie folgt er dem Gewitter.

Die eigentlichen Hagelkörner sind mehr oder weniger feste und durchsichtige Eiskörner, von ihnen zu unterscheiden sind die in der Meteorologie als Graupeln bezeichneten, dicht zusammengeballten, kleinen Schneekügelchen. Die kleinern Hagelkörner (Schloßen) führen im Volksmund allerlei Namen (Kiesel, Kitzeböhnchen).

Hagelkörner sind meist kugelige Gebilde, oder haben das Aussehen von Krystallen, deren Ecken abgestumpft sind. Die größern bestehen aus concentrischen Schichten, die kleinern pflegen ein faseriges Gefüge zu besitzen. Manchmal erweckt es den Anschein, als ob eine solche Kugel aus radial angeordneten Eisnadeln bestände. Der Kern wird fast durchweg von einer schneeigen Masse gebildet, die äußern Eisschichten sind meistens durchscheinend, die innern opak, oft wechseln aber auch dichte und durchscheinende Massen mit einander ab.

Nicht selten sind Hagelkörner, welche die Form eines Kegels oder Doppelkegels haben.

Manche merkwürdige Formen lassen sich durch die Annahme erklären, daß die ursprünglich kugelförmigen oder conischen Hagelkörner während des Falles zersprungen sind. So wurden schon Hagelkörner beobachtet, welche die Form von Kugel-Segmenten mit einem Oeffnungswinkel von 50° bis 60° hatten. Ein ganz merkwürdiges Hagelkorn fand P. Secchi 1876 während eines Gewitters bei Grotta-Ferrata. Die Zeichnung läßt hinter dem Gebilde eher ein Conglomerat von Quarz-Krystallen als ein Hagelkorn vermuthen. Ganz ähnliche Körner fand Hofrath v. Langen in Pest. In Bezug auf die Größe sind die Hagelkörner bekanntlich sehr verschieden. Von glaubwürdigen Personen sind solche von der Größe eines Hühnereies und bis zu 400 g Gewicht constatirt worden. Die Temperatur der Hagelkörner schwankt zwischen — 0,5 und — 4° C. Die häufig etwas in's bläuliche spie-

lende Farbe der Hagelkörner stammt nach Untersuchungen von A. Mont=
pellier von geringen Beimengungen von salpetriger Säure, die sich ja
auch im Regenwasser in kleinen Quantitäten findet. Mehrfach wird erzählt
von Sand und kleinen Steinchen, die in Hagelkörner eingeschlossen gewesen
sein sollen. Eine ganz merkwürdige Erscheinung beobachtete Lehrer Zeller
in Oberdorf bei Salzburg im Mai 1894[1]. Das Unwetter begann mit dem
Niederfallen von nassen Schneeflocken, nach einigen Secunden fielen Schlossen
von 1 bis 3 cm Durchmesser. Dieselben hatten eine durchsichtige Schale
und einen weißen Kern. Mit einer der Schlossen langte ein Abend=
pfauenauge an, das mit seinen Füßen einige Millimeter tief in das
Hagelkorn eingefroren war. Anscheinend leblos, wurde es nach dem
Aufthauen wieder recht lebhaft. Der Fall ist um so merkwürdiger, als
diese Thiere nur in der Niederung vorkommen.

Ueber die Entstehung der Hagelkörner gehen die Ansichten der
Meteorologen noch weit auseinander. Volta sah die Ursache der Bil=
dung von Eiskörnern in verhältnißmäßig niedern Luftschichten in der
durch Verdampfung des Wassers bewirkten Abkühlung. Bringt man Wasser
durch einen eingeblasenen Luftstrom zum raschen Verdunsten, so kühlt sich in
Folge der großen Verdampfungswärme des Wassers ein Theil desselben
soweit ab, daß es gefriert. In der Hell'schen Kältemaschine wird hier=
von eine praktische Anwendung gemacht. Die Ursache der vorausge=
setzten raschen Verdampfung der in den Wolken enthaltenen Wasser=
bläschen sah Volta in der Sonnenstrahlung, die aber natürlich nur in
der obersten Wolkenschicht in diesem Sinne wirken kann.

Marangoni[2], der in neuerer Zeit die Volta'sche Theorie wieder
aufgenommen hat, schreibt die rasche Verdampfung dem heftigen Winde
zu, der die Hagelwetter stets begleitet; der Vorgang wäre also ganz
analog dem in der Hell'schen Kältemaschine. Um die eigenthümliche
Structur der Hagelkörner zu erklären, muß Volta und mit ihm Maran=
goni eine Reihe von Annahmen machen, deren Richtigkeit zum mindesten
nicht bewiesen werden kann. Beide lassen nämlich die Eiskörner zwischen
verschiedenen Wolkenschichten eine Zeit lang auf= und abtanzen, ähnlich
wie es die Hollundermark=Kugeln oder =Puppen in dem unter dem Namen
elektrischer Puppentanz bekannten Schulversuch thun. Wir werden wohl
der Wahrheit näher kommen, wenn wir mit den meisten Forschern die
Entstehung von Hagelkörnern uns so denken, daß Eisnadeln oder
=Körner, die aus höhern, kalten Regionen niedersinken, im Falle mit
Wassertröpfchen zusammentreffen. Diese werden sich auf den Eiskör=

---

[1] Meteorol. Zeitschrift, 1894. S. 274.
[2] C. Marangoni, Ueber die Entstehung des Hagels. Meteorol. Zeitschr. 1894,
S. 300.

nern niederschlagen und wegen der sehr niedern Temperatur der
letztern gefrieren. Es können auch Eiskörner, die in Folge ihrer un-
gleichen Größe und damit ungleicher Fallgeschwindigkeit zusammentreffen,
aneinander backen. Es gelang O. Reynold, auf künstlichem Wege Hagelkörner von ¹/₂ bis ³/₄ Zoll Durchmesser herzustellen, indem er einen
Strom gefrorenen Nebels gegen spitze Holzstücke strömen ließ, die sich
dann mit Eiskugeln überzogen. Die eigenthümlichen conischen Vorsprünge mancher Hagelkörner sieht Hesehus als eine Folge des raschen
Gefrierens an. Bei der Geschwindigkeit des Vorganges kann sich das
gefrierende Wasser nicht gleichförmig ausdehnen, es bildet sich eine
Kruste von ungleicher Dicke, und wenn diese an schwachen Stellen bricht,
so treten die erwähnten Vorsprünge auf. Zur Erklärung der Kugelform
des Hagels weist L. Bombini darauf hin, daß verschiedene Stoffe die
Eigenschaft haben, sich aus übersättigten Lösungen kugelförmig abzu-
scheiden. Ebenso bilden sich aus überkalteten Nebeln nach den Beobachtungen Aßmann's niemals Eis- oder Schneekrystalle, sondern nur
kleine structurlose Eisklümpchen. Ueberkaltete Flüssigkeiten sind bekanntlich
solche, deren Temperatur unter ihren Gefrierpunkt gesunken ist, ohne
daß die Masse in den festen Aggregat-Zustand übergeht. Ruhig stehendes Wasser kann bis auf — 10° C, unter besondern Umständen sogar
bis auf — 20° C. abgekühlt werden, ohne daß es gefriert. Dieser Vorgang tritt aber sofort ein, wenn das Gefäß, in dem sich die Flüssigkeit
befindet, geschüttelt, oder wenn ein Eisstückchen hineingeworfen wird.
Auf die Beobachtung Aßmann's und die Thatsache, daß überkaltete
Wasserbläschen vor Ausbruch eines Gewitters unzweifelhaft in der
Atmosphäre vorhanden sind, gründet v. Bezold eine Erklärung der
Hagelbildung, die mir sehr annehmbar erscheint, weil sie keine un-
wahrscheinlichen Voraussetzungen macht und alle bei einem Gewitter
auftretenden Erscheinungen berücksichtigt. v. Bezold nimmt an, daß die
überkalteten Wassertheilchen vielleicht in Folge des Herabsinkens von
Eistheilchen aus Cirrus-Wolken oder aus irgend einer andern Ursache
rasch erstarren. Sie bilden dann, wie Aßmann gezeigt hat, kleine Eisklümpchen. Diese können beim Herabfallen mit andern überkalteten
Tröpfchen zusammenstoßen und diese ebenfalls zum Gefrieren bringen.
Indem diese Körnchen dabei lose aneinander schmelzen, bilden sie
Graupelkörner. Gelangen die letztern in tiefere Regionen, in denen die
Wassertheilchen eine dem Gefrierpunkt nahe liegende Temperatur besitzen, so werden sie sich mit Hüllen klaren Eises überziehen, auf welchen
sich bei einem abermaligen Auftrieb, wie er bei den in sich stark bewegten Gewitterwolken (S. 85) wohl häufig vorkommt, abermals solche
überkaltete Tröpfchen anlegen. Das nun schwerer gewordene Hagelkorn

wird von neuem herabfinken und fich abermals mit klarem Eis überziehen. Auf diefe Weife entfteht der trübe, milchige Kern mit den ihn
umgebenden concentrifchen Schichten, wie man ihn bei Hagelkörnern
findet. Bei heftigem Aufeinanderftoßen bereits gebildeter Hagelkörner
kann in Folge der Erniedrigung des Schmelzpunktes durch Druck an der
Berührungsftelle ein momentanes Schmelzen und Wiedergefrieren ein-
eintreten, und es entftehen auf diefe Weife durch Zufammenwachfen die
häufig beobachteten höckerigen Geftalten der Hagelkörner.

Die oben entwickelte Theorie fetzt heftige Luftftrömungen in der Hagelwolke voraus. Selbft wenn man die v. Bezold'fche Theorie der Gewitterbildung, als deren Confequenzen fich derartige Luftftrömungen ergeben, nicht
annehmen will, wird man angefichts der ftarken Windftöße, die Hagelwetter
begleiten und dem zerfetzten Ausfehen der Hagelwolken immerhin annehmen
müffen, daß heftige Bewegungen der Atmofphäre bei der Entftehung
des Hagels mit thätig find. Genauere Auffchlüffe über den viel discutirten
Punkt laffen fich erwarten durch Beobachtungen, die innerhalb der
Hagelwolke angeftellt find. Aus leicht erfichtlichen Gründen liegen deren
nich allzu viele vor. Vielleicht fchaffen die neu errichteten Obfervatorien
auf hohen Bergen (Säntis, Sonnblick, Montblanc) auch in diefer
Frage Klärung. Vorläufig dürfte es nicht unintereffant fein, hier einen
Bericht von Profeffor Lecoc über ein Hagelwetter, das er am Puy
de Dôme beobachtete, wiederzugeben.[1]

„Am 2. Auguft im Jahre 1835 befand ich mich gegen Mittag am Puy de Dôme.
Der Himmel war klar, der Wind kam von Weft. Wolken entftiegen den Gipfeln des
Mont Dore bei Südwind, den ich erft gegen ein Uhr Nachmittags fpürte. Bei dem Vor-
handenfein der beiden Winde fah ich den bevorftehenden Hagel voraus. Es bildeten fich in
der Höhe leichte Wolken mit Weftwind und in der Tiefe Wolken in kleinen Gruppen, die
fich aufeinander zu ftürzen fchienen, fie bildeten große, fchwarze, dicke Cumulus, welche die
Winde kaum zu treiben vermochten. Der niedrigfte Theil verlängerte fich, eine große
Protuberanz bildend, dann fiel ein deutlich umgrenzter Wafferftrom nieder. So erleichtert,
nahm die Regenwolke ihren Lauf, und diefes Phänomen wiederholte fich im Laufe einer
Stunde mehrmals. Mittlerweile hatte fich in der Höhe ein ausgebreiteter gleichmäßiger
Vorhang von Wolken gebildet. Der Südwind trieb fehr fchnell unter diefem Vorhang
weiße Wolken einher; ein Wind, der am Puy de Dôme gewaltig und äußerft kalt wurde.
Die niedrigfte Schichte der Wolke war aus fehr großen Cumulus gebildet, welche in ver-
fchiedenen Entfernungen mit dem Südwind zogen. Sehr ftarke Blitze zuckten von einem
Cumulus zum andern, fo daß es manchmal fchien, als ob fie die ganze Strecke vom
Puy de Dôme zum Mont Dore durchliefen, aber nicht ein einziger Blitz fchlug zwifchen
den untern Haufenwolken und dem darüber befindlichen Wolkenvorhang über. Hierauf
fehe ich den Hagel von den Cumulus auf die Erde ftürzen und vor mir, in
50 m Entfernung, vorüberziehen. Die Wolke, die ihn ausftreute, hatte eine gezahnte Ein-
faffung und zeigte in diefer felbft eine wirbelnde Bewegung, die fehr fchwer zu befchreiben
ift. Es fchien, als wäre jedes Hagelkorn von einer elektrifchen Abftoßung weggejagt.

---

[1] Nach einem Referat in der Meteorol. Zeitfchr. 1894, S. 307.

Einige flüchteten sich unterhalb, andere nach oben, endlich zerstoben die Körner nach allen Seiten, aber der untere Südwind trieb sie alle nach Norden. Nach fünf oder sechs Minuten dieser außerordentlich starken Bewegung, die nur an der vordern Einfassung der Wolke stattfand, hörte der Hagel auf, und die Wolke führte gegen Norden den Regen fort, der aber nicht den Boden erreichte. Sodann beleuchtete ein riesiger Blitz, der den Gipfel des Puy de Dôme traf, die ganze untere Seite der Wolke.

Ich hielt es für klug, mich nach dem Puy de Goules zu wenden, wo ich um drei Uhr war. Es waren noch die zwei Schichten der Wolken vorhanden, und der starke und äußerst kalte Südwind brachte eine schwere Hagelwolke, in die ich fünf Minuten eingehüllt verblieb. Die Hagelkörner waren zahlreich, groß wie Haselnüsse, rund oder oval, gebildet aus durchsichtigen und undurchsichtigen Schichten. Die Körner hatten alle eine große horizontale Geschwindigkeit, sie schienen aber abgelenkt von einer Anziehung des Berges. Eine große Anzahl Körner traf mich, ohne mir weh zu thun; sie fielen schnell. Ich hörte deutlich das Sausen der Körner, eigentlich ein wirrer Lärm, gebildet durch eine Anzahl verschiedener Geräusche, die man nur der Reibung der Körner gegen die Luft zuschreiben konnte."

Die Hagelwolken scheinen im allgemeinen niedrig zu schweben. Von hohen Bergen herab sieht man häufig unter sich die Wolken, welche die Thäler mit Hagel überschütten. Anderseits beobachtete Saussure Hagelfall auf dem Col du Geant in einer Höhe von 3400 m, und Boussingault in den Anden einen solchen in der Höhe von 6000 m. Man kann übrigens aus der dunkeln Farbe und verschiedenen andern Anzeichen den Schluß ziehen, der auch durch die Beobachtungen im Hochgebirge bestätigt wird, daß Hagelwolken zwar im allgemeinen in geringer Höhe über dem Erdboden wegziehen, selbst aber eine Dicke von mehreren 1000 m erreichen können. Die Wucht, mit der Hagelkörner aufzufallen pflegen, macht nicht den Eindruck, als ob dieselben aus geringer Höhe kämen. Schieferplatten und Fensterscheiben werden vollkommen glatt durchgeschlagen, so daß, wer die Ursachen der Beschädigungen nicht kennt, geneigt wäre, auf eine Geschoßwirkung zu schließen.

Eigenthümlich ist den Hagelwolken ein merkwürdiger röthlich-gelber Farbenton.

Ein Hagelschlag dauert gewöhnlich nur mehrere Minuten, höchstens eine Viertelstunde, doch genügt diese kurze Zeit, um die Erde Decimeter hoch und mehr mit Eisstücken zu überschütten. Am 7. Juni 1894 ging in Wien kurz vor 7 Uhr Morgens ein Hagelwetter nieder, das zwar nur einige Minuten dauerte, aber von anderm Schaden, den es anrichtete, abgesehen, etwa eine Million Fensterscheiben zerschlug. Noch am Nachmittag hatten manche Straßen ein winterliches Aussehen, und der Verkehr war stundenlang durch Eishaufen gestört. Im Centrum der Stadt wurden 43,5 mm Niederschlag gemessen, das entspräche einem Centner Eis pro Quadratmeter, und dabei sind diese Zahlen auf jeden Fall noch zu niedrig, da die Eisstücke wegen der großen Wucht, mit der sie fielen, aus dem Trichter des Regenmessers wieder heraussprangen.

Wenn man von allen ein Gewitter begleitenden Erscheinungen sagen kann, daß sie bis vor kurzem ein Räthsel für den Meteorologen, ein Schrecken wenigstens für viele Menschen gewesen, so gilt dies in besonders hohem Grade für den Hagel. Der vom Hagel angerichtete Schaden wird in Frankreich auf 40 Millionen Francs pro Jahr geschätzt, und er wird in Deutschland kaum geringer sein. Er beträgt in Norddeutschland sechs bis neun vom Tausend des versicherten Werthes.

Es könnte unter diesen Umständen auffallend erscheinen, daß wir über die in das Gebiet der Hagelstatistik gehörigen Fragen: Vertheilung der Hagelwetter nach Zeit und Ort, Zugsrichtung usw. noch nicht genügend unterrichtet sind. Aber bis in die letzte Zeit hinein diente als Unterlage für das Studium der einschlägigen Fragen fast ausschließlich das Material der Hagelversicherungs-Anstalten, und es ist klar, daß hierbei eben nur die Hagelschläge berücksichtigt werden konnten, welche Schaden an landwirthschaftlichen Producten anrichteten. Fast ganz außer Betracht blieben die winterlichen Hagelgewitter und diejenigen Hagelschläge, die im Gebirge, über großen Waldflächen, Seen und andern nicht angebauten großen Flächen niedergingen.

In Mitteldeutschland sind nach den Beobachtungen in den Jahren 1880—84 durchschnittlich 4¹/₂ pCt., in Süddeutschland im Durchschnitt der Jahre 1880—88 8 pCt. aller Gewitter mit Hagel verknüpft. Außerordentlich hagelreich erscheint das französische Vogesen-Departement, dort entfallen im Durchschnitt der Jahre 1880—87 auf das Jahr 61,7 Gewitter, darunter 20,9 mit Hagel, im Juni und Juli trifft dort auf zwei Gewitter ein Hagelwetter. Nach Beobachtungen in Sachsen ist die Blitzgefahr bei mit Hagel verbundenen Gewittern größer als bei solchen ohne Hagel.

Der Gang der Hagelschlagshäufigkeit fällt im großen und ganzen, wie nicht anders zu erwarten, mit dem der Gewitterhäufigkeit zusammen, doch sind im Winter Gewitter in den Vormittagsstunden häufiger von Hagel begleitet, während im Sommer das Maximum der Hagelniederschläge wie das der Gewitter in die Zeit von 3—6 Uhr Nachmittags fällt. In der jährlichen Vertheilung der Hagelniederschläge macht sich in Süddeutschland in so fern eine Abweichung von der der Gewitter bemerkbar, als das Maximum des Hagelfalls auf Ende Mai trifft, während die Gewitterhäufigkeit in dieser Zeit nur ein secundaires Maximum zeigt, und die Hauptgewitterthätigkeit im Juli stattfindet.[1]

Im Westen Europa's fällt das Maximum früher als im Osten. Der Unterschied macht sich schon innerhalb der Grenzen Süddeutschlands

---

[1] Horn, Beobachtungen der meteorologischen Stationen in Baiern 1888, S. 53.

bemerkbar, er wird noch auffälliger, wenn man Frankreich und den östlichen Theil des europäischen Rußland vergleicht, im erstern Lande
fällt das Maximum schon in den März oder April, im letztern in den
Juni oder Juli.

Das Maximum des Hagelfalls spaltet sich wie das der Gewitterthätigkeit in zwei Theile. In Süddeutschland fallen die Maxima auf
Ende Mai und Ende Juli, im Canton Zürich auf Mitte Juli und
Anfang August. In Italien liegen die beiden Maxima ziemlich weit
auseinander, das erste fällt in den Mai, das zweite auf Ende Juli.

An den Meeresküsten sind entsprechend der Zunahme der Wintergewitter auch die Hagelfälle im Winter häufiger.

Auf der südlichen Erdhälfte fällt der eigentliche Hagel vorwiegend
im December und Januar, Graupel- und Hagelfälle im Gemisch dagegen treten mit Vorliebe auf in dem dortigen Spätwinter und Frühjahr, also in der Zeit vom August bis November.

Der säculare Gang der Hagelhäufigkeit fällt mit dem der Gewitterthätigkeit zusammen. Gewitterreiche Jahre, wie z. B. 1889 und 1890,
sind auch reich an Hagelfällen und umgekehrt. Analog den nicht sehr
bedeutenden Schwankungen der Gewittertage schwankt auch die Anzahl
der Tage mit Hagelniederschlägen in Süddeutschland während der neun
Jahre 1880—88 nur zwischen 53 und 70. Die Schwankungen in den
Hagelschäden sind dagegen viel größer. In Würtemberg wurden ver-
hagelt 1886 0,14 pCt. des angebauten Landes, 1872 dagegen 2,27 pCt.,
in Baden 1868 1,22 pCt., 1882 dagegen 8,61 pCt. Prof. Friz[1]) hat
den Nachweis versucht, daß das Maximum der Hagelniederschläge in die
sonnenfleckenreichsten Jahre fällt. Da, wie oben bemerkt, der Gang der
Hagelhäufigkeit dem der Gewitterthätigkeit entspricht, so steht die Behauptung von Friz im Widerspruch mit dem von v. Bezold aufgestellten Satz, wonach Gewittermaxima und Sonnenfleckenminima zusammenfallen sollen.

Da die frühern Aufzeichnungen von Hagelwettern, auf die Friz sich
stützt, noch lückenhafter sind als die der Gewitter, so will ich auf die
Wiedergabe der von Friz entworfenen Kurven verzichten, obwohl dieselben seine Behauptung recht gut zu bestätigen scheinen. Ich glaube,
daß auch die Frage nach dem Zusammenhang zwischen Sonnenflecken
und Hagelfall erst auf Grund genauerer Aufzeichnungen über die letztern
beantwortet werden kann.

Der Hagel fällt vorwiegend in langen schmalen Streifen, die durch
eine Regenzone getrennt sind. Einer der bekanntesten Fälle ist jener des

---

[1]) Friz, H., Die wichtigsten periodischen Erscheinungen der Meteorologie und Kosmo-
logie. Internationale wissenschaftliche Bibliothek. Bd. 68. Leipzig 1889.

berühmten Hagelwetters, welches Frankreich und Holland am 17. Juli 1788 auf einer Länge von 1000 Kilometer durchsetzte; es pflanzte sich gleichzeitig in zwei Streifen fort, welche fast parallel von Südwest gegen Nordost gerichtet waren. Der erstere, schmälere hatte eine mittlere Breite von 10 Kilometer. Der zweite, südlichere, eine solche von 13,5 Kilometer; die beiden Streifen waren durch eine Zone, in der es nur regnete, von 23 Kilometer mittlerer Breite getrennt. Die Geschwindigkeit des Gewitters war 55 Kilometer in der Stunde. Der in Frankreich angerichtete Schaden wurde auf 24 690 000 Francs geschätzt.

In Baiern konnten Hagelwetter mit geringer Frontentwickelung von der hessischen bis zur böhmischen Grenze verfolgt werden, ebenso in Oesterreich von Salzburg bis weit hinein nach Ungarn. In der kältern Jahreszeit verbreitet sich der Hagel anscheinend über größere Flächen als im Sommer, wo er dichter fällt.

Man hat vielfach dem Walde einen Einfluß auf die Hagelbildung zugeschrieben, in so fern als einige waldreiche Gegenden für gefährdeter, andere dagegen für geschützter hielten. Schon dieses Auseinandergehen der Meinungen zeigt, daß der Einfluß des Waldes auf die Hagelfälle nicht besonders deutlich ist.

Genauere statistische Erhebungen in Baden, Würtemberg und Baiern, sowie in einzelnen Theilen Frankreichs und der Schweiz haben in der That ergeben, daß der Wald weder auf die Entstehung von Hagelwettern einen Einfluß ausübt noch bereits entstandene von ihrer Richtung ablenkt.

Auch die Lage an einem Wasserlauf bedingt keine wesentliche Erhöhung oder Verminderung der Hagelgefahr. Die orographischen Verhältnisse scheinen dagegen nach den Untersuchungen von Cl. Heß [1]) in der Schweiz wohl einen Einfluß auszuüben. Aus seiner Zusammenstellung der in den Jahren 1883—91 bei der schweizerischen meteorologischen Centralanstalt eingelaufenen Hagelmeldungen zieht der Verfasser unter anderm folgende Schlüsse:

1. Zur Hagelbildung sind diejenigen Thäler der Voralpen und im Jura disponirt, welche durch eine westöstlich gelagerte Gebirgskette gegen Süden abgeschlossen sind.

2. Föhnthäler (Thäler, in denen Föhnwinde häufig sind) sind zur Hagelbildung weniger disponirt, als andere Thäler.

3. In den Thälern sind die Hagelwetter häufiger, als auf den anstoßenden Bergen; Bergrücken können Hagelschläge hindern, in Riesel umwandeln oder in Regen überführen.

---

[1]) Cl. Heß, Die Hagelschläge in der Schweiz in den Jahren 1883—91. Programm der thurgauischen Cantonsschule 1893—94. Frauenfeld.

4. Wenn ein Gewitterzug gegen eine querstehende Bergkette heran= zieht und dieselbe überschreitet, so ist auf der Vorder= oder Angriffs= seite die Hagelbildung häufiger, als auf der Rückseite.

5. Flußthäler, welche in der Richtung der Gewitterzüge ansteigen und abschließen, begünstigen die Hagelbildung.

Ein weiterer Satz von Heß, daß in Sümpfen und Seethälern Hagelfall häufiger ist als im baumreichen Culturland, dürfte darauf zurückzuführen sein, daß nach den früher erwähnten Untersuchungen von v. Bezold solche Gegenden die Bildung von Gewittern überhaupt be= fördern. Einige andere hier nicht angeführte Sätze von Heß scheinen mir des Beweises noch zu bedürfen. Im allgemeinen gilt betreffs der Vertheilung der Hagelwetter wie bezüglich ihrer Fortpflanzungsrichtung und Geschwindigkeit das über die Gewitter Gesagte. Die Fortpflanzungs= geschwindigkeit schwankt zwischen 13 und 156 km in der Stunde; sie ist um so größer, je intensiver der Hagelfall ist. In heißen Gegenden treten die Hagelwetter, wie nicht anders zu erwarten, etwas mehr zurück, ohne daß sie jedoch irgendwo ganz fehlen. In Westindien z. B. beträgt die durchschnittliche Zahl der Hagelfälle nur noch 0,05 bis 0,2. In dem Küstengebiet zwischen Algier und Bona fallen auf das Jahr noch durch= schnittlich acht Hageltage, am Rande der Sahara nur noch einer, da= gegen wurden am Tanganyika=See im Durchschnitt von allerdings nur zwei Jahren drei Hagelfälle pro Jahr beobachtet.

17. Gewitterprognose.

Wir werden auch für die Prognose zu unterscheiden haben zwischen den mehr localen Wärmegewittern und den großen Wirbelgewittern, die sich an Depressionen anschließen. Für die Voraussage der letztgenannten Gewitter gilt alles, was über die Vorherbestimmung der Cyklonen= bahnen überhaupt gesagt werden kann. Die untrüglichsten Hülfsmittel sind Wetterkarten mit Zuhülfenahme localer Barometerbeobachtungen.

Zeigt die Karte ein Minimum über Schottland an, so wird man aus dem Gang des Barometers erkennen, ob dasselbe die Zugstraße I oder V einschlagen wird, in welch letzterm Falle uns trübes Wetter droht. Zeigen die Isobaren die früher besprochene Form der Gewitternasen oder Gewittersäcke, so sind Gewitter wahrscheinlich; auch die Existenz einer unbeweglichen Depression deutet auf solche hin. Wem Wetterkarten nicht zur Verfügung stehen, der kann das Herannahen einer Depression in vielen Fällen voraus bestimmen durch Beobachtung des Zuges der Cirrus=Wolken. Natürlich wird dieses Hülfsmittel auch dazu dienen können, die voraussichtliche Bahn eines auf der Karte verzeichneten Minimums zu bestimmen.

Näheres über die Vorhersage der Gewitter durch Beobachtung von Wind und Wolken findet man in dem Werk von Ralph Abercromby, Das Wetter. Deutsch von Dr. J. M. Pernter. Freiburg, Herder 1894.

Hervorgehoben sei nur eine eigenthümliche Wolke, deren Auftreten mit Sicherheit auf das Ausbrechen eines Gewitters innerhalb der nächsten 24 Stunden schließen läßt. Es ist dies eine schmale, langgestreckte Cirrus-Wolke, aus der thurmartige Erhebungen hervorragen, sie kann nicht wohl mit einer andern Wolke verwechselt werden. Weitere Fingerzeige für die Gewitterprognose liefert der Abschnitt 10; aus ihm kann man z. B. entnehmen, daß ein rasches Sinken der relativen Feuchtigkeit, die ja leicht mit den jetzt ziemlich verbreiteten Klinkerfueß'schen Hygrometern bestimmt werden kann, ebenfalls die Entstehung eines Gewitters in Aussicht stellt. [1]

Bekannt ist, daß manche Thiere durch ihr Benehmen ein bevorstehendes Gewitter anzeigen sollen. Die Behauptung, daß in einem Gefäß mit Wasser gehaltene Blutegel oder Roßegel vor Ausbruch eines Gewitters in ein unruhiges Zucken gerathen, kann ich auf Grund von Versuchen, die ich selbst als Gymnasiast anstellte, bestätigen. Ueber andere hierher gehörige Sätze, daß z. B. Bienen vor einem Gewitter zum Stechen geneigter sind, muß ich angesichts der widersprechenden Behauptungen es dem Leser überlassen, sich durch eigene Beobachtungen ein Urtheil zu bilden. Eine Bauernregel behauptet, daß auf schneereiche Winter gewitterreiche Jahre folgen. Im laufenden Jahre scheint diese Prophezeiung in Erfüllung zu gehen.

---

[1] Siehe auch Troska, Die Vorherbestimmung des Wetters. Köln, J. P. Bachem.